高等职业院校
通识教育系列教材

徽商与创业

大学生创新创业指导教程

王从辉 张强 范蓉◎主编

卫平 王倩倩 程慧 陆娟◎副主编

INNOVATION AND
ENTREPRENEURSHIP

人民邮电出版社

北 京

图书在版编目（CIP）数据

徽商与创业：大学生创新创业指导教程 / 王从辉，
张强，范蓉主编. -- 北京：人民邮电出版社，2024.3
高等职业院校通识教育系列教材
ISBN 978-7-115-63862-5

Ⅰ. ①徽… Ⅱ. ①王… ②张… ③范… Ⅲ. ①徽商—
创业—高等职业教育—教材 Ⅳ. ①F241.4

中国国家版本馆CIP数据核字(2024)第036464号

内 容 提 要

本书旨在引领大学生掌握创新创业基本知识，提升创新创业能力，形塑大学生"新徽商特质"创新创业精神。本书也通过设计代言新徽商等活动培育大学生的创新创业精神，使大学生能够善用创新思维和方法解决现实问题，能编制和演示创业计划，善于团队合作开展创业项目模拟或实践，从而激发创新潜力、提高创业成功率。本书依据课程教育目标，采用 OBE 教育理念，聚焦高峰成果进行课程内容设计。本书包括 8 个单元，分别是感知徽商精神、开拓创新思维、训练创新能力、转化创新成果、识别创业机会、创新商业模式、完善创业计划、管理初创企业等。

本书适合作为高等职业院校创新创业等相关课程的教材，也适合有创业想法的社会人士阅读。

◆ 主　　编　王从辉　张　强　范　蓉
　　副主编　卫　平　王倩倩　程　慧　陆　娟
　　责任编辑　楼雪樵
　　责任印制　王　郁　彭志环
◆ 人民邮电出版社出版发行　　北京市丰台区成寿寺路 11 号
　　邮编　100164　　电子邮件　315@ptpress.com.cn
　　网址　https://www.ptpress.com.cn
　　天津千鹤文化传播有限公司印刷
◆ 开本：787×1092　1/16
　　印张：12.5　　　　　　　　　　2024 年 3 月第 1 版
　　字数：269 千字　　　　　　　　2025 年 1 月天津第 2 次印刷
　　　　　　　　定价：49.80 元
读者服务热线：(010)81055256　印装质量热线：(010)81055316
反盗版热线：(010)81055315
广告经营许可证：京东市监广登字 20170147 号

编委会

创新与创业始终是推动一个国家、一个民族向前发展的重要引擎。党的二十大报告指出"进入创新型国家前列"的总体目标，提出"必须坚持科技是第一生产力、人才是第一资源、创新是第一动力""加快实施创新驱动发展战略""完善促进创业带动就业的保障制度"。人才是创新的根基，大学生是创业的主力军，高校作为培养创新创业人才的重要基地，贯彻落实国家创新创业政策，大力开展创新创业教育以培养大学生的创新创业能力，是我国高等教育改革和发展的必然趋势，也是我国经济社会发展的必然要求。

本书秉持厚德弘商、立德树人的宗旨，以新徽商精神为引领，立足职业院校大学生的人才培养需求，借鉴了国内外创新创业领域的先进理论和实践案例，将新的创新创业观念和方法运用到人才培养中。无论是正在考虑创业、已经投身创业实践的创业者，还是对创新创业感兴趣的大学生，都可以从本书获得有益的指导和启迪。

本书主要包括以下内容。

徽商精神的传承与发展：详细介绍徽商的产生与发展，并从时代更迭的角度探讨新徽商精神的重要作用，为读者深入解读徽商精神的内涵与现实意义。

创新思维和能力训练：深入介绍创新思维的概念、特点和应用方法，并通过丰富的案例分析帮助读者培养创新思维，激发潜在的创新能力。

创新成果的保护与转化：帮助读者了解知识产权，掌握著作权、专利权、商标权取得的途径和方法，指导读者如何进行创新成果的保护与转化。

创业项目与管理：系统介绍从创业前的准备阶段到创业过程中的关键步骤，包括创业机会的识别、商业模式的创新、企业法律组织形式的选择、新企业的注册及管理等，帮助读者全面了解和应对创业挑战。

本书以案例、视频和实训任务等为载体，在各个单元强化"工匠精神、创新意识、新徽商创业特质"等元素的交叉渗透。在"专创融合"方面突出了非商融商、厚德弘商的特色，力求将创新创业领域抽象的概念与具体的专业实践案例相结合，将创新创业能力培养与专业能力提升相结合，将教师教学实际需要与学生创新创业实践需要相结合。创新创业是一个不断迭代和学习的过程，在学习本书的过程中，大学生可以通过积极参与实训活动来提升创新创业能力。

最后，希望本书能够成为你创新创业道路上的良师益友，激发你的创新激情，引领你迈向成功。祝愿你在创新创业的道路上取得卓越成就！

编　者

2023年12月

目录

目录
CONTENTS

单元一 感知徽商精神

01

✖ 学习目标

通过本单元的学习，学生应能够：

◆ 厘清徽商的发展脉络，了解徽商发展的标志性事件；

◆ 熟悉徽商代表人物，并总结其成功经验；

◆ 继承弘扬新时代徽商精神，并应用到学习实践中。

✖ 知识导图

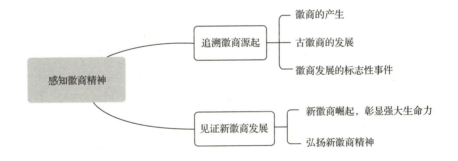

✖ 单元引例

徽骆驼与绩溪牛

在徽商兴盛的年代，外人称富可敌国的徽商为"老大"，而徽州方言中"老大"音为lè to（屯溪音），音似"骆驼"，所以得名"徽骆驼"。胡适先生就曾在给同乡会的题词中多次用"努力做徽骆驼"来激励绩溪同乡，"徽骆驼"之名远播海内外。有关"绩溪牛"则另有一种说法，清兵在灭亡了南京的弘光政权后，逼近徽州府，绩溪东乡的人民扼守山谷，坚持抗清，奉明朝正朔百余年之久，所以成就了绩溪人"绩溪牛"的名声。

在徽商的兴起、发展、鼎盛过程中，以"徽骆驼"和"绩溪牛"为象征的徽商精神发挥了重要作用。徽商精神是古代徽州商人在长期经商实践中逐渐形成的且为社会所普遍认可的思想意识、道德操守和价值取向。很多人将徽商精神归纳为4个方面：崇尚信义，诚信服人；薄利竞争，甘当廉贾；宁可失利，不愿失义；注重质量，提高信誉。也有人将徽商精神定义为"爱国、进取、诚信、开拓、和谐"。

在当今时代，继承和发扬徽商精神并赋予时代特色，将徽商精神融入我们从事的工作中，对培养和提升当代大学生的职业素养具有重要的借鉴意义。

任务一　追溯徽商源起

一、徽商的产生

徽商，即徽州商人，又称新安商人。它不是指单个的徽州商人，而是指一个具有全国性影响的商人集团，俗称"徽帮"，是明清时期徽州府籍商人的总称。明清时期，由徽州府所属的歙县、休宁、祁门、婺源、绩溪等地的商人组成了一个地域性的商人群体。最早关于徽商的记载出自《晋书》，其中记载，徽州人好"离别"，常外出经商。

徽州人走出大山，凭借自身优秀的商业才干，借助江河水运之便，将苏浙杭一带的丝绸、棉布、食盐等商品销往各地，又将各地的特产商品带回苏浙杭，从中牟利。一代代的徽州人投身其中，从零星的小本生意做起，不断积累财富，成为一方富贾。

 拓展阅读

徽商产生的原因

一是客观环境压力。徽州处"吴头楚尾"，属边缘地带，山高林密，地形多变，在古代开发较晚，汉代前人口较少。经历了晋末、宋末、唐末三次移民潮，北方人口大量往南方迁移后，徽州人口渐多。耕地少，人口多，怎么办？生存危机迫使徽州人走出去，外出经商是一条出路，于是徽州地区便有一句俗语："前世不修，生在徽州，十三四岁，往外一丢。"

二是丰富的物产为徽商的经营奠定了物质基础。徽州地区自然资源丰富，且富有经济价值，特别是婺源所产的杉木，其质量奇佳，是建造房屋、制作家具的好材料。早在南宋时期，就曾有大批徽州人以种植杉木为生。同时，徽州地处亚热带北部边缘，海拔适中，气候温暖湿润，土地肥沃，非常适宜种茶产茶。早在唐代，歙县就以产茶闻名于世，陆羽曾在其《茶经》中记载："歙州产茶，且素质好"。如今的江西景德镇是天下闻名的瓷器之都，但其烧瓷制瓷所用的土料全依赖于婺源和祁门两地的供给，明清时期就有不少两县之地的百姓开设"碓厂"，专门制作瓷土。有"文房四宝"之称的笔墨纸砚是古代必不可少的文化用具，在其生产上各地皆有专精，然徽州所产的文房四宝却是样样皆精。早在唐代，徽州所产的纸墨砚就已闻名天下。宋代时期，徽州还出现了几位制笔大家，他们的作品也是名震一时。

三是便捷的水路交通刺激徽人经商。徽州虽处群山之中，但其与经济发达的江浙距离很近。古时徽州人东去苏杭，西出饶州，或北上芜湖，不过三五日路程，且大部分路线可依靠水路以舟代步。一旦徽州人走出群山，便可利用便捷的水运交通往来经商，聚敛财富。位于安徽歙县东南的渔梁，是众多徽州人外出远行的第一站，连通新安江水系，顺流而下可直达杭州，乃至整个长江三角洲。自南宋以来，无数徽州子弟沿着黄金水道扬帆远航，逐梦他乡。徽州的另一条主要水系是阊江，从阊江往西南可一水抵达江西浮梁和景德镇，直至鄱阳湖，既可北上长江，又可南下广东。

四是国家经济重心南移和商品经济的发展。我国古代北方长期战乱，南方相对安定，这为南方经济发展提供了有利的社会环境；其次北方大量劳动力迁移，同时也带来了先进的工具和技术；最后南方自然条件好，适合农业发展和对外贸易。同时，伴随社会生产力的不断提升，人们对商品的需求也不断变化，从而推动着商品经济的发展。上述原因为徽商的形成与发展提供了有利的社会环境。

五是徽州独特的文化塑造了徽商的品格。植根于新安文化的厚土，徽商是一个整体文化素质较高的商帮。深受儒家文化影响，徽商崇尚诚实守信、艰苦奋斗、贾而好儒的品质。在黟县古民居村落西递村有这样一副楹联"读书好，营商好，较好便好；创业难，守成难，知难不难"，因此徽商所在地区有着深厚的文化沉淀，讲究义利之道、不期望奸诈、货真价实为徽商的成功的经营之路提供了精神内核。

二、古徽商的发展

徽商商帮的形成不是一蹴而就的，而是一个逐步渐进的过程。人们能从历史的蛛丝马迹中寻找到其形成的具体脉络。

（一）肇始阶段：东汉末年

徽商最早形成于一千多年前的魏晋南北朝时期。由于常年的战乱，人们在迁徙的过程中，发现徽州是较为理想的避难场所，鲜有耕地可种植，于是就通过经商来谋生。东晋将军司马晞每次举行宴会时，都会让歌妓扮作新安人，演奏凄婉动人的离别之曲，可见当时徽州人背井离乡、外出经商的事已十分普遍了。一定程度上，战乱推动了徽商的形成。这时徽商的经营领域较为分散，且多以土特产为主。

（二）形成阶段：宋末元初

两宋之交时期，大批北方人纷纷南迁至徽州地区，为这里带来了新的生产技术和劳动力，徽州地区得以进一步开发。南宋政权稳定后，江南经济不断发展，经济重心逐步实现了南移，南方城市的商业愈加繁荣，这些都为徽州人的商业活动提供了有利条件。南宋建临安为都，大批权贵豪强得以汇聚于此，形成了一个巨大的消费市场。徽州所产的桐漆木材皆是良好的建筑材料，很好地满足了新都大兴土木之需。徽州所产的纸在临安也是良好的快消品，南宋朝廷曾为了发行货币，一口气从徽州采购了50万张纸。南宋时期，无数商人依靠繁荣的商业得以富甲一方，其中朱熹外祖父祝确就是当时有名的大商人，其所经营的酒肆客栈产业所占面积已达到了徽州府城的一半，人称"祝半城"。

宋末元初，徽商群体在经商活动中积累了大量的经验和才干，经年累月的传承为徽商后来在全国范围内进行大规模的商业活动提供了有力基础。

（三）发展阶段：元末明初

明中期以前，在外经商的徽州人还不能被称作"徽商"，他们的经商活动虽然活跃，但不是群体性行为，同时其总体影响力十分有限。但在明中期之后，徽州商人逐渐依靠宗族和地缘关系，形成了一个整体，"徽商"才为世人所熟知，"徽商"二字也成了所有徽州商人行走天下的名片。徽商发展到明代以后，开始涉足多种行业。

（四）兴盛阶段：明中期至清中期

明朝，徽州已形成以商贾为第一生业，科第其次的风俗。自明中期至清道光时期，徽商群体称雄国内商界300余年，他们足遍天下，富甲一方。这一时期，徽商经营行业增多，对徽商来说，只要有利可图，就无业不就，尤以盐、典、茶、木等行业为徽商最主要的经营行业，其经营规模之盛，从事人数之多，是其他商帮难以望其项背的。

首先，明中期开始，徽商在两淮盐业中占据了优势地位，控制了封建社会时期国家的经济命脉，这也是徽商能发展成为明清时期中国最大商帮的关键。其中代表性徽商有江春，他是徽州歙县江村人，身任总商四十余年，身系两淮兴衰。江春就任后，凭借卓越的能力，不仅赢得了官府的信任，也为众商所拥护，乾隆六次"南巡"，他接驾五次。

其次，发展到明清，徽商还有一门拿手的生意，便是开典当，在这门行业中甚至有"无典不徽"的说法。举个简单的例子，像许多行业一样，典当行业中有同行间通用的隐语。由于徽州人占了绝大多数，因此典当行业的隐语又叫作"徽语"，是根据徽州方言结合当地语音产生的。由此可见徽州人在典当行业中的势力之大。

再者，徽州自古即为著名的产茶区。徽州茶树种植和茶叶生产的发展为茶商供给了大量优质茶叶货源。正是凭借这一基础，徽州茶商在年复一年贩运茶叶的过程中，积累起财富，扩大了规模，成为徽州商帮的四大支柱之一。

最后，木材亦是徽商鼎盛时期的重要经营领域。《新安志》记载：宋代休宁"山出美材，岁联为桴（fú），下浙（zhè）河，往者多取富。女子始生，则为植杉（shān），比嫁斩卖以供百用，女以其故或预自蓄藏。"木商每年于冬季伐木，待到次年五六月梅雨季节河水泛涨时，利用水力运载出山，运往浙江、芜湖，然后转销各地。木商的整个经营活动包括采伐、加工、运输、销售等诸多环节。

值得一提的是，当时许多徽商并无固定的经营行业，往往是多种行业一起经营，跟随市场和地点随时变化，以灵活的方式规避风险，将更多的资本投入利润最大的行业中。

与此同时，徽商的商业活动范围不断扩大。民间有这样一句俗语："钻天洞庭遍地徽。"

其意是说，当时的洞庭商人和徽州商人活跃、广泛，他们为了谋取利润，几乎无所不至，无处不去，不管是繁华的两京，还是穷乡僻壤的山村，都能看到徽商的身影。奔走于各地的徽商主要经营长途货运贸易，因此商品经济最发达的苏杭两浙和运河江淮沿岸，都是徽商聚集的主要地方，徽商由此形成了以苏浙地区作为主要根据地，商业路线向全国辐射的格局，这有利于他们及时收集商业信息，把握市场最新动向。

总之，明中期至清中期，徽商的影响扩展至全国。然而到了清末，伴随着国家积贫积弱，整个徽商群体不可避免地在国内统治阶级的压迫和外国资本的竞争下走向衰落，曾经盛极一时的徽商逐渐走向了没落。古徽商的兴盛虽已远去，但其胜败兴衰之事为后世积累了宝贵经验，依然值得今天的人们借鉴。

三、徽商发展的标志性事件

（一）徽人从商风气的出现

万历《歙志》序载："成弘以前，民间椎朴少文，甘恬退，重土著，勤稼事，敦愿让，崇节俭。而今则家传户诵，夤缘进取，流寓五方，轻本重末，舞文珥笔，乘坚策肥，世变江河莫可底止。"明成化年间，"徽商"一词正式出现，并成为徽州商帮的专用名词。

有记载，生于成化十年（1474年）的歙县人江才，早年立志从商，苦于手无资本，其妻变卖首饰为其筹措本钱；生于成化二十年（1484年）的歙县人黄豹，少时家贫，曾见一衣着华丽的富贾行走于街上，前簇后拥，好不威风，遂立志经商，终成富贾。同一时期，不止歙县的民间风气有了变化，休宁也是如此。弘治年间的《休宁县志》有记载，"民鲜力田，而多货殖"。可见，在成化弘治时期，休宁、歙县两地民间就已形成了外出经商之风气。明后期，人口不断增加，资源不足的矛盾愈发尖锐，徽州人外出谋生的愿望更加强烈。当时徽州六县中，除了绩溪和黟县经商之风形成较晚外，其他四县人早就将经商作为致富的主要手段。

（二）徽州人合作经商现象的普及

结伙经商的群体是以宗族、乡谊关系为纽带结合起来的。这种群体往往规模庞大，其人数动以千计。在群体中，首领对众商在财力上给予支持，在业务上予以指导，众商则听从首领指挥，协调行动。封建时代社会是一个规则限制下的丛林社会，外出经商者要应对很危险的社会环境，例如当地商人的排挤、路上盗匪的抢劫、官员的盘剥勒索等。徽州商人为了维护自身安全，谋求商业发展，必然要借助群体的力量，最好的办法便是以天然的宗族血缘关系为纽带，结成组织，互帮互助。宗族关系对商业活动有很大的积极作用，它可以调动宗族内部的人一同联合起来，动用政治、财力和商业等资源，组成一股强大的力量投入商业活动中去，使得在外经商的徽州人得以扎根立足，在竞争中取得优势地位。外出经商之人发迹后，往往会回馈乡里，带动宗亲一同经商致富。这样大大小小的群体组织，便是整个徽州商帮形成的基础。嘉靖年间，徽州人王子承经商致富后，对宗族子弟无比关怀，他给予族内子弟经商本钱，帮助他们分析商业市场，指点经商之道。在他的多方提携下，不少族内子弟都成为一方巨富。族内子弟致富后，皆以王子承为领袖，大小事务皆唯其马首是瞻。徽州人之间习俗相近，有经商的传统，所以互相结亲的现象极为普遍。商人结亲后，便可以以姻亲关系互为后援，商业上互相支持帮助。

甚至，徽商还在全国各地建立会馆。会馆是徽商商帮除血缘、地缘外，更高一层的组织形式，对商帮的凝聚力起着至关重要的作用。徽州人依靠会馆联络乡谊，在定期的日子举行祭祀活动，一同分享商业资源。当同乡商人遇到商业纠纷时，会馆会出面支持，帮助同乡商人争取商业利益。

（三）徽商中坚"盐商"的崛起

两淮一带盐矿资源丰富，盐产量巨大，这里常年活跃着大批盐商。明初时期，两淮的盐业是被山西、陕西的商人所垄断的，但从明朝万历四十五年（1617年）到清朝道光十年（1830年），徽州盐商势力逐渐壮大，基本把持了全国盐业运输与买卖。

明初，朱元璋为抵御北元，在北部边疆设立了九大军镇，为了解决士兵军需问题，特别设立了"开中制"，规定商人向边塞运送粮草，可以取得贩盐凭证，叫作"盐引"。商人持盐引方可去盐场取盐贩卖。山西地接塞外，拥有产粮运粮的地理优势，南方徽商受限于地理条件，难以与之竞争。明朝弘治五年（1492年），户部尚书叶淇推行变法，改开中制为"折色法"，规定商人不再需要运送粮草至边疆，只需向盐运司缴纳银两便可换取盐引，这极大地方便了徽商对两淮盐业的经营。徽商从此得以凭借地理条件，在两淮的盐业中取得市场优势，此前处于垄断地位的晋商渐渐转型，不再与徽商争取盐业利润。

当时有名的大盐商黄崇德便是在此时期发迹的。黄崇德起初在山东一带经商致富，后来投资两淮盐业的经营。黄崇德自幼饱读经史，对朝廷盐法利害的见解颇为独到。官府每次找各大盐商商议盐政事务时，黄崇德总能侃侃而谈，切中要害，因此他的很多建议被官府所采纳，就连陕西、山西的盐商也为他的见识所折服，纷纷推举他为盐商领袖。黄崇德的宗族子弟在他的带动下，纷纷投身盐业，全都成为大富商。

 拓展阅读

身边的徽商老字号

张小泉剪刀

张小泉，明末徽州黟县会昌乡人。其父张思家，自幼在以"三刀"闻名的芜湖学艺。小泉在父亲的悉心指教和实践中，也练就了一手制剪的好手艺。明朝末年，灾害频繁，烽烟四起。黟县百姓朝不保夕，苦不堪言。父子二人以制剪为业，小泉刻意求师访友，技艺大进。经过反复琢磨，终于创制出嵌钢制剪的新技术。他选用闻名的"龙泉"钢为原料，制成的剪刀镶钢均匀，磨工精细，刀口锋利，开闭自如，因而名噪一时。

胡开文墨业

胡开文，字柱臣，号在丰，著名徽商，徽墨行家，"胡开文"墨业创始人，清代乾隆时制墨名手，徽州绩溪县人。因师从徽州休宁汪启茂，因而是休宁派墨匠后起之秀。先于休宁、屯溪两处开设"胡开文墨店"，到二十世纪三十年代，胡开文得到迅猛发展，除休宁胡开文墨庄、屯溪起首胡开文老店外，先后在歙县、扬州、杭州、上海、汉口、长沙、九江、安庆、南京等地，或设分店，或开新店，其经营范围几乎覆盖大江南北，至此徽州制墨业呈胡开文一枝独秀之势。后代均沿用此老字号。

胡庆余堂

胡庆余堂是清同治十三年（1874年），由徽州绩溪人胡雪岩创办的国药店。胡庆余堂以宋代皇家的药典为本，选用历朝历代的验方，以研制成药著称于世，一直到今天仍为中外人士所喜用，它和北京的同仁堂并称为中国著名的南北两家国药老店。

王致和豆腐乳

北京王致和食品集团有限公司是一家以生产酿造调味品为主的科工贸一体化、跨行业经营的集团公司。相传清康熙八年（1669年）安徽太平县仙源人王致和以举人身份进京赶考，屡试不中，为谋生路，在京城做起豆腐生意。王致和臭豆腐是以优质黄豆为原料，经过泡豆、磨浆、滤浆、点卤、前发酵、腌制、后发酵等多道工序制成。其中腌制是关键，撒盐和佐料的多少将直接影响臭豆腐的质量。盐多了，豆腐不臭；盐少了，豆腐则过臭。王致和臭豆腐"臭"中有奇香，一种产生蛋白酶的霉菌分解了蛋白质，形成了极丰富的氨基酸，味道非常鲜美。

谢裕大茶行

谢裕大茶行，曾经的徽州六大茶庄之首，创于1875年。百余年的风云变幻中，它记载了一代徽商的传奇历程，更见证了黄山毛峰的名动全国。谢正安，谢裕大茶行的创始人。当年，为了进军大上海，他亲自带领家人到充头源茶园选采肥壮大芽茶原料，经过精心地制作，形成别具一格的新茶。由于"白毫披身，芽尖似峰"，又因产自黄山，故命名为"黄山毛峰"。因数量极少，先运到上海新挂牌的谢裕大茶行，轰动了整个上海滩，成为各界名流竞相追逐的珍品，上海漕溪路就是因谢裕大茶行的原址在此而命名的。之后，谢裕大茶行迅速走向全国，"黄山毛峰"也开始成为极品好茶的代表之一。故此，谢裕大茶行被世人称为"黄山毛峰第一家"。

同庆楼

同庆楼是芜湖餐饮业的历史名店，于1925年创建。1999年"同庆楼"菜馆被认证为"中华老字号"。1925年左右，当时正值芜湖米市兴旺，商业发达，餐饮行业的酒楼、菜馆纷纷建成开业。为在林立的酒楼之中力压群芳，10家商业大户联合集资，开办了一家徽州菜馆，公推民国初年闻名江南的"醉春酒家"打面师傅徽州绩溪人程裕有出任经理，最初取名"同鑫楼"。程裕有因师傅在武汉开设了同庆楼菜馆，便前往请教，并商定借名"同庆楼"来芜，称为"徽州同庆楼"菜馆。

徽商老字号如图1-1所示。

图1-1　徽商老字号

任务二　见证新徽商发展

一、新徽商崛起，彰显强大生命力

2005年5月17日，中国国际徽商大会在安徽省省会合肥召开，时任安徽省委书记郭金龙发表主旨演讲，他表示，"安徽籍的工商人士是徽商，来安徽发展创业的外籍（非安徽籍）工商人士也是徽商""历史的徽商是安徽的骄傲，今天的徽商是安徽的希望"。基于此，学者曹天生将"新徽商"定义为20世纪80年代我国改革开放后形成并不断壮大的，秉承交流、合作、发展、繁荣理念，弘扬徽商精神，为中国特色社会主义建设和发展，为实现安徽繁荣富强、走向世界而不懈奋斗的安徽新型商人群体。

（一）新时代，新徽商

伴随改革开放和互联网时代的到来，徽商焕发出了新的生机。新时代的徽商经营领域涵盖新能源、新材料、新文旅、大数据、大健康、人工智能、生物医药等众多产业，涌现出像王传福、王文银、洪清华、刘庆峰、李斌等新徽商杰出代表。这些优秀的新徽商代表，从创业到创新，从创富到"共富"，他们勇立潮头、敢为人先、诚信立业、回报乡梓，秉承和演绎着属于这个时代的企业家精神。他们或勇于创新，在新技术、新能源、新商业领域向世界展示不可或缺的中国智慧；或锐意进取，用更多的就业岗位、更新的创富理念，带领更多人摆脱贫困、共奔小康；或挺身而出，向四面八方伸出坚实有力的援手；或挥斥方遒，纵横全球商海，在更加辽阔的疆域，擘画属于中国企业的贸易蓝图，生动诠释了新时代新徽商的精神内核。

 拓展阅读

徽商炒货三十年，瓜子干货能挣钱

只要在芜湖的大街上逛一逛就知道这里的炒货店三五步就有一家。芜湖自古水运交通便利，挨着皖南的山货原产地，像宁国的山核桃、广德的板栗都会选择芜湖作为交易基地，南来北往的商贩多起来，遍地的茶馆就成了信息交易的场所，炒货经济也应运而生了。

其中，最醒目、历史最悠久的便是徽派炒货的"开山鼻祖"——傻子瓜子。其创始人年广久1937年出生在安徽省怀远县，后又逃荒到了芜湖，9岁开始替父摆摊卖过鱼，倒腾过水果。改革开放后，他卖起了炒瓜子，除了真材实料、现炒现卖之外，年广久的炒货店还有一个差异化的营销策略，那就是每次称完瓜子算完钱还要让顾客多抓一把，不久之后芜湖人都愿意派家里手最大的人到年广久的店里买瓜子，熟客还给这个憨憨"老板"起了一个绰号"傻子"。之后的几年里，靠着扎实的用料，以及让顾客多抓一把的厚道，傻子瓜子成了爆款单品。1982年，刚刚注册好商标的傻子瓜子在上海的专卖店开门营业，店铺大门口排起了5 000人的长队，傻子瓜子成功打入了华东市场。

年广久的成功吸引了不少后来者。20世纪90年代，小刘瓜子、真心瓜子等上百家炒货企业先后在安徽诞生，一时群雄逐鹿。其中，一个叫"洽洽"的品牌在20年里雄踞市场，凭着几元一包的瓜子于2011年成功上市A股，是名副其实的中国瓜子第一股。2021年，洽洽瓜子更是卖出了37亿元的销售额，占中国市场份额7成。洽洽是如何估出百亿元市值的，大家为何喜欢吃洽洽瓜子，洽洽又凭着怎样的战术成为中国瓜子市场的寡头？

洽洽创始人叫陈先保，安徽合肥人。1995年，陈先保辞掉工作，"下海"经商，他创业的第一个项目是卖冰棍，为了让冰棍更好卖，陈先保开创性地把冰棍做成了"双节棍"，并由此赚到第一桶金。不过冰棍卖得并不长久，因为冰棍毫无核心技术和资金门槛，竞争者也越来越多。但陈先保卖冰棍的时候发现大家都喜欢嗑瓜子，于是打上了瓜子的主意。瓜子这种大众化食品，全国人民

都爱它，又不像冰棍一样有明显的销售淡季、旺季，一年四季都能吃，逢年过节还加倍，如果能把瓜子卖向全国市场，岂不是前景无限？于是陈先保开始到处考察瓜子市场，他发现了三大问题：磕牙、脏手、上火。不过陈先保在做调研的时候，却发现有一个地方的瓜子不仅不脏手，还脆薄易嗑、浓香入味，因为当地人会把瓜子先煮熟再炒干，这样不仅可以降低瓜子的上火成分，煮瓜子也让香料更容易入味，同时还能把瓜子表面的脏东西煮出去。陈先保非常兴奋，大受启发，迅速开始组织人手研发煮瓜子工艺，把煮瓜子改造成可以工业化的流水线。1997年，以煮制工艺为特色的洽洽瓜子面世，在当时所有瓜子都是炒制的背景下，煮瓜子的概念独树一帜，让人耳目一新，洽洽煮瓜子大获成功。获得市场的积极反馈后，洽洽也牢牢抓住了其核心竞争力，在煮制工艺上不断研发改进，想办法让瓜子更香、更饱满、更诱人。1999年，陈先保做了一件大事，他决定在中央电视台投放洽洽的广告，而这需要400万元的费用，当时洽洽一年的净利润也就400万元左右，众多管理人员纷纷反对，但陈先保毅然拍板决定在中央电视台投放广告，第二年洽洽的销售额直接突破了1亿元。实际上这次在中央电视台投放广告的意义要远远高于单纯销售额的增加，因为这其实说明，当洽洽选择在中央电视台投放广告的那一刻，它已经实现了生产标准化和品牌化。因为中央电视台的广告是不分年龄、不分地域的全面覆盖，当一个品牌愿意在中央电视台投放广告，便说明它能够在全国提供统一可靠的产品，而当时市场上基本是农贸市场卖的散装瓜子，品质参差不齐，而洽洽的标准化瓜子不脏手，不易上火，香气十足，品质统一。洽洽在中央电视台投放广告，其实就是在告诉大家，洽洽是一个经得起消费者检验的产品。

值得注意的是，陈先保开启了一系列的品牌化操作。首先是品牌名称，"洽洽"这个词既是拟声词又是叠音词，好读好记易传播，品牌辨识度极高。这种取名方式也被很多知名企业使用，例如旺旺、QQ、滴滴、陌陌等。同时，洽洽的包装外观重在形象传播，洽洽的包装袋是牛皮纸材料，具有强烈的怀旧风格，同时配以中式竖式信封尺寸设计，再加上传统的红黑色书法字体，整体包装不仅好看耐用，还显得有品质，透着一种厚重怀旧的民族文化感，这也成了洽洽重要的视觉标志。除了语言传播、形象传播，洽洽还尝试建立自己的品牌内涵。2001年，洽洽买下了综艺节目——《欢乐总动员》半年的广告时长，它是当时最火的综艺电视节目之一，并且观众大多是女性和青少年，正好符合洽洽的目标消费群体，更重要的是洽洽在广告中把嗑瓜子与快乐文化联系起来，这既与《欢乐总动员》节目定位一致，又与大家嗑瓜子时的心情非常贴近。

洽洽瓜子的崛起离不开产品的研发创新，也离不开标准化的生产，更离不开品牌与市场的进击，它的本质其实是一场瓜子的工业革命，通过生产标准化和产品品牌化取代了原来瓜子市场的小农模式，在这个过程中洽洽的生产标准也在不断提高。小小生意能发财，安徽代品牌出。第一代傻子瓜子抓住了改革开放的良机，第二代洽洽瓜子技术创新，干净又卫生，还赶上了中央电视台广告的黄金时代。小小的一粒瓜子，背后折射出了时代的变迁。

（二）新徽商与祖国同频共振

时间来到新时代，安徽这片创业热土上涌现出了一大批站在风口浪尖的时代人物。他们都有一个共同的身份——徽商。这些新时代的徽商抓住了时代风口，与祖国发展同频共振。

1978年，我国吹响了改革开放的号角，第一次"全民经商潮"到来，一些人敏锐地捕捉到商机，其中就包括当时北京有色金属研究总院最年轻的处级干部王传福。技术骨干出身的他带领技术骨干蹚出了一条成为全球新能源巨头的崛起之路。他与同样在新能源领域深耕的李斌、国轩高科李缜等企业家形成了一股强劲的徽商力量。

20世纪90年代初，光彩事业在民营领域薪火相传。1997年南翔集团董事长余渐富响应中央统战部提出的"将部分资本同老、少、边、穷地区的资源结合起来做光彩事业重点项目"的号召，率先在安徽安庆建立起了光彩大市场，解决了当地贫困人口的就业问题。余渐富在扶贫事业上的贡献让其成为改革开放40年民营企业家的代表。同样获得这一殊荣的还有另一位安徽企业家——刘庆峰。20世纪90年代，安徽合肥的中国科学技术大学学子刘庆峰深耕智能语音领域，在一间民房里创办了科大讯飞。20年后，这家市值破千亿元的企业已经在世界语音产业中独占鳌头。20世纪90年代，我国科学技术迅猛发展，但仍有部分核心技术领域被国外垄断，例如色选机。这种可以精准筛选农产品中出现的杂质的技术看似简单，但是当时只能依赖进口。面对这一困境，田民带领团队率先打破了这一局面，1996年，第一代中国自主知识产权的大米色选机横空出世，四年后美亚光电成立。如今，全球2万家客户使用美亚产品，美亚光电也成了"中国智造"的排头兵。

 阅读讨论

王传福与比亚迪

提起比亚迪的火爆，就不得不提到它的创始人——安徽无为老乡王传福。少年赤贫，父母双亡，靠哥嫂养大，这便是王传福的人生开局。电池起家，造车扬名，登顶徽商首富则是王传福的新标签。从位列三线的燃油车企到如今的新能源巨头，王传福的创业史要从他28岁那年说起。彼时王传福还是北京有色金属研究总院里最年轻的处级干部，梦想着成为一名科学家。然而3年后一次偶然的机会，王传福接触到了电池制造，敏锐地嗅到商机的他做出了一个无比艰难的决定，放弃现在的工作，"下海"创业。很多人谈起王传福都会说王传福是造车的，但造车其实是王传福的副业，造电池才是主业。创业之初，王传福全身心地扑在研发镍镉电池上，机器不够人来凑，资金不足就去求！最终王传福仅用100多万元就建成了日产4000个的镍镉电池生产线。对比当时价值几千万元的镍铬生产线，王传福节约出了近千万元的生产成本。到1997年，比亚迪一跃成为中国第一、世界第四的电池生产商，而这时这家企业才成立3年。2000年，王传福又如法炮制出锂电池及其生产线，成为诺基亚和TCL的手机电池供应商，跻身全球第二。造电池造得不亦乐乎，王传福怎么会想到去造车了呢？对于王传福来说，他从没想过离开电池，只不过他要把电池装进不同的盒子里，这个盒子可以是手机，也可以是汽车。不过，一个造电池的跨界去造车，在当时引起了不小的争议，甚至有投资者直接给王传福打电话，痛斥他这个看似愚蠢的决定。但王传福并没有动摇。2003年，王传福开始了自己的造车之路，他夸下海口："比亚迪将在2015年成为中国第一的造车企业，2025年成为世界第一。"这些在当时听起来像是吹牛的话，如今却正一个接一个地成为现实。2022年3月，王传福正式宣布比亚迪"断油"，以后专注生产新能源车。消息一出褒贬不一，但比亚迪接连多月销量突破10万辆，同比暴涨3倍多，似乎印证了这个趋势的准确性。尽管王传福在业务上取得了很大的成功，2022年初更是以1400亿元的身价登顶徽商首富，但王传福本人十分低调，以至于外界不知道比亚迪在很多行业是隐形的巨头。在手机代工领域，比亚迪是仅次于富士康的全球第二大手机代工厂商。2020年，比亚迪更是从零开始研发生产口罩，短短一个月就成为全球产量第一的口罩厂商。作为从安徽走出来的企业家，王传福始终没有忘记养育自己的这一方水土。多年来，他在家乡安徽的投资多达400亿元，带动上下游产业链上千亿元的产值，提供上万个就业岗位。王传福与家乡的双向奔赴也同样印证了无为经济开发区墙上悬挂的标语："比亚迪为家乡争光，家乡为比亚迪助力。"从28岁开始创业，到如今市值破万亿元，超越特斯拉，成为全球销量第一的行业巨头，王传福的创业史其实也是"中国制造"向"中国智造"转型的一个缩影。如今的王传福和比亚迪从无到有，从有到优，逐渐走向了世界舞台的中心。

资料来源：《徽商会客厅——安徽老乡王传福》，有删改

阅读上述资料，请回答：

1. 毕业于中南大学的王传福于他所在的年代是妥妥的"学霸"，你认为"学霸"的身份对他日后的创业成功起到了哪些作用？如何用徽商创业的实例来反驳社会上出现的一些"读书无用论"的言论？

2. 创业要适应时代发展，比亚迪是怎样适应国家和时代发展的？

二、弘扬新徽商精神

新时代徽商精神是企业家精神的代表，是企业家精神的具象化。大力弘扬新徽商精神对新时代企业发展举足轻重，有利于推动新时代构建新发展格局，建设现代化经济体系，推动高质量发展。

（一）取"古徽商"之精华

1. 贾而好儒

徽州自古是礼仪之邦，徽商耳濡目染，深受传统儒家文化思想的熏陶，在长期的经营活动中形成了自己的商道，其中贾而好儒、以儒道经商是徽商与其他商帮的不同之处。16世纪，

徽商在盐业经营方面无人能出其右，究其原因，徽商在文化素质方面的优势无疑是一个重要方面。戴震，徽州休宁县人，18世纪伟大的平民思想家，出身于商人世家的他有很多精彩的哲学论述是围绕徽商展开的。"吾郡少平原旷野，依山而居，商贾东西行营于外，以就口食……虽为贾者，咸近士风"，戴震一语道破徽商贾而好儒的特色。弘扬新时代徽商精神需要我们打好文化基础，全面提升文化素质，这样才能在日益激烈的商业竞争中长久稳定地发展。

2. 以义取利

徽商不是不言利，而是尊崇儒家传统，"利以义制"。据史料记载，徽州婺源有一位李姓商人经商大半生，晚年总结自己的经商经验时，感触最深的是"财自道生，利缘义取"。有关徽商"以义取利"的事例不胜枚举。"红顶商人"胡雪岩始终坚持着以义取利的商业理念。他认为，商业的目的是谋求社会的福祉，利润是商业发展的必要手段。在追求利润的同时，他始终强调商业道德和社会责任。除了行商之义，徽商还有民族大义，每逢国家危急、民众苦难之际，总能找到慷慨解囊、集资募捐的徽商身影。自古以来，但凡以重义轻利、非义之财不取为标榜者，往往都取得商业的成功。

3. 诚达天下

对徽商而言，诚信是经营的基础。徽商深知，商人和顾客是互惠互利的两极，商人只有诚实不欺，才能赢得顾客的信任。在清朝时，徽州婺源的商人朱文炽，在广东珠江经营茶叶贸易，每当出售的新茶过期时，朱文炽一定会在与人交易的契约上注明"陈茶"两字，绝不欺瞒。朱文炽在珠江经营茶叶20多年，虽然因此亏了几万两的本钱，但是没有丝毫的动摇、后悔。即使不是自己的生意，徽商在与他人合伙经营，或者受雇于人、帮人经营时，也遵循一个"诚"字。

 拓展阅读

明清徽商代表人物——红顶商人胡雪岩

胡雪岩（1823—1885），本名胡光墉，幼名顺官，字雪岩，出生于安徽徽州绩溪，中国近代著名红顶商人，政治家，徽商代表人物，如图1-2所示。

图1-2　红顶商人胡雪岩

清咸丰十一年（1861年），太平军攻杭州时，胡雪岩从上海运军火、粮米接济清军而为左宗棠赏识，后来又帮助左宗棠组织"常捷军"、创办福州船政局。左宗棠西征平叛阿古柏时，胡雪岩为他主持上海采运局局务，在上海代借外款5次，高达1195万两，采供军饷、订购军火，并做情报工作，常将上海中外各界重要消息报告左宗棠。备受欢迎时，官居二品，赏穿黄马褂。胡雪岩凭借其卓越的商业才能，利用过手的官银在上海筹办私人钱庄，后在全国各地设立了"阜康"钱庄分号，被称为"活财神"；在杭州创立了"胡庆余堂"中药店，制"避瘟丹""行军散""八宝丹"供军民之需，药店传承至今，赢得"江南药王"之美誉。

（二）集"新时代"之风采

1. 开拓创新

无论在经营理念、经营方式、融资方式、经营机制上，新徽商都走在了创新发展的前列。改革开放初期，有年广久敢为人先、冲破藩篱，后有史玉柱大胆玩转"洗脑式"营销，再到王传福、刘庆峰之辈在核心技术领域做到全球顶尖。新徽商在新时代拥有强大的竞争力并走向复兴，这源于一股开拓创新、锐意进取的新徽商精神。

2. 学用一致

新徽商与时俱进，以文化建设凝聚各方面力量，不仅做大企业，更强调做强企业，上下联通、左右连贯、前后照应，共商共建共享。新徽商企业崇尚培育学习型企业风尚，努力践行社会主义核心价值观；学习新科技和新信息技术，努力促进产品升级换代，保持技术领先；学习古代徽商的"儒商"精神，将以义取利、以义为本、货真价实、诚信经商、扶危济困等在新的历史条件下向更高层次上提升，提升了新徽商的无形资产，更加光亮了新徽商的金字招牌。

3. 包容合作

改革开放后生长和发展起来的新徽商活跃在全省乃至全国，也走向了世界各地，是一支不可或缺的商业劲旅。他们的经济活动既为安徽的经济发展，又为国家的经济发展做出了宝贵的贡献。安徽省人民政府自2005年创办的中国国际徽商大会，为徽商的经贸活动搭建了一个通达四海、内引外联的平台，进一步推动了新徽商的发展。新徽商在历史发展的新时代，继承和弘扬古代徽商精神，不断创新发展经营模式和经营方式，在互联网时代发展电商模式和互联网金融，在经济发展进入新常态形势下不断走向世界，在我国倡导的"一带一路"和"人类命运共同体"建设中发挥作用。我们还看到从安徽走出去的新徽商不忘反哺自己的出发地——安徽，他们中的部分人将资金和技术集聚到安徽，为安徽省的"五大发展"服务，为实现我国"两个一百年"奋斗目标服务。

实训任务

任务一

实训主题	我为徽商代言		
实训内容	1. 选择一位徽商企业家，讲述一个徽商故事； 2. 以第一人称的视角进行角色扮演，拍摄视频短片		
实训流程	**时间 （30分钟）**	**要求**	**注意事项**
	5分钟	1. 学员进行分组； 2. 每组各选一名组长，负责协调； 3. 宣读实践要求	小组分组可以采取抽签的方式进行
	15分钟	1. 以学习小组为单位，搜集一位杰出徽商企业家的生平创业故事，制作不少于10分钟的人物介绍视频； 2. 团队分工协作，要求有台词脚本、道具、拍摄、后期剪辑； 3. 充分运用短视频平台发布作品，收集点赞、留言信息	1. 组与组之间不进行任何形式的交流； 2. 讨论时注意倾听和思考他人的看法
	10分钟	1. 小组汇报各自的企业家创业故事； 2. 教师针对各组分享的内容进行总结点评	
实训总结	**教师点评内容**		
	学生实训心得		

任务二

实训主题	制作身边的徽商人物访谈		
实训内容	1. 挖掘身边在徽创业或安徽籍的商人，可以是校园中正在创业大学生，也可以是校园周边的自主创业者； 2. 记录他们真实的创业生活和创业感悟		
实训流程	**时间 （30分钟）**	**要求**	**注意事项**
	5分钟	1. 学员进行分组； 2. 每组各选一名组长，负责协调； 3. 宣读实践要求	小组分组可以采取抽签的方式进行
	15分钟	1. 以学习小组为单位，制作不少于10分钟的人物访谈视频； 2. 视频制作团队分工协作，提前列出访谈提纲，采访过程有主持人。视频制作完善，有字幕、旁白等； 3. 充分运用短视频平台发布作品，收集点赞、留言信息，在课上与教师和同学分享	1. 组与组之间不进行任何形式的交流； 2. 讨论时注意倾听和思考他人的看法
	10分钟	1. 小组汇报各自的采访； 2. 教师针对各组分享的内容进行总结点评	
实训总结	**教师点评内容**		
	学生实训心得		

02 单元二 开拓创新思维

🔧 学习目标

通过本单元的学习，学生应能够：

◆ 了解创新的含义与特点；

◆ 了解创新思维的定义与特征；

◆ 掌握创新思维识别的方法；

◆ 激发创新热情，激励创新自信。

🔧 知识导图

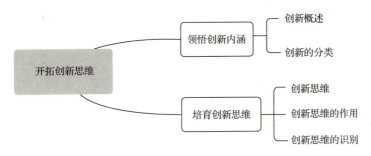

🔧 单元引例

华为：创新，是一场永无止境的攀登

《品牌强国之路》专题纪录片第一季第五期节目《创新，是一场永无止境的攀登——记HUAWEI Mate50的诞生》在中央电视台CCTV-2播出，讲述了华为Mate 50系列研发背后的故事，华为北斗卫星消息、华为昆仑玻璃、超光变XMAGE影像、鸿蒙OS等硬核技术亮相。纪录片播出后引发热烈反响，环球网、CNMO手机中国、腾讯网、新浪网、IT之家等众多媒体转发报道，网友纷纷为华为点赞，表示"看了央视的品牌强国之路的华为纪录片，越挫越勇是印在华为DNA里面的，面对困难华为依然领势而上，着实不容易""华为之所以能在行业里成为牌头兵，靠的是多维的努力，是对创新的坚持，是对人才的渴望。未来的路一定还是难走的，相信华为会用自己的办法把路走宽，为我们带来更好的产品，未来可期"。华为常务董事、终端BG部门CEO（首席执行官）余承东在片中接受采访时表示，华为很多技术走在整个产业的前列。十年前的困难是没人认可、没人知道华为的品牌，但十年后的今天，华为自己积累了很

多核心技术、核心能力。创新技术来之不易，但华为将不惧挑战，坚持投入研发，不断攀登向上，继续引领行业向前。

资料来源：《品牌强国之路》，央视网，有删减

任务一　领悟创新内涵

人类社会发展进步的历史就是一部不断创新的历史，创新是一个民族进步的灵魂，是引领发展的第一动力。

党的二十大报告提出，坚持创新在我国现代化建设全局中的核心地位，并对加快实施创新驱动发展战略进行部署。抓创新就是抓发展，谋创新就是谋未来。抓住了创新，就抓住了牵动经济社会发展全局的"牛鼻子"。谁在创新上先行一步，谁就能拥有引领发展的主动权。

一、创新概述

（一）创新的含义

何为创新？它起源于拉丁语，原意有三层含义：第一，更新，即对原有的东西进行替换；第二，创造，提出有别于常规或常人的思路见解或产生新的东西；第三，改变，即对原有的东西进行发展和改造。

有关创新理论的论述始于20世纪初。美国经济学家约瑟夫·熊彼特在1912年出版的著作《经济发展理论》一书中，以"创新"为核心概念，揭示了创新、增长与发展及周期性波动的关系。熊彼特认为，创新是指把一种新的生产要素和生产条件的新组合引入生产体系之中。创新包括5种情况：引入新产品；引入新的生产方法；开辟新的市场；获得原材料或半成品的新的供应来源；建立新的组织。

创新是一个分层次的结构性的体系，既包括宏观层面的理论创新、制度创新、科技创新、文化创新等，又包括微观层面的产品创新、市场创新、管理创新、业态创新等。在各类创新体系中，理论创新居于统率地位，发挥先导、指引作用；科技创新是关键环节；而制度创新是科技创新、文化创新等的重要保障。

综上，创新以新思维、新发明和新描述为特征，以现有的思维模式提出有别于常规或常人思路的见解为导向，利用现有的知识和物质，在特定的环境中，本着理想化需要或为满足社会需求而改进或创造新的事物，包括但不限于各种产品、方法、元素、路径、环境等，并能获得一定有益效果的行为。一般来说，创新是指在批判或改变旧事物的过程中有新的发现、提出新的见解、开拓新的领域、解决新的问题、创造新的事物，以及为了某种目的对前人、他人已有的成果进行创造性应用的行为。

（二）创新的特点

创新的本质是突破，即创造出新的东西。创新是一种有目的的实践活动，核心是"新"，

即引发相关领域的变革和发展。创新活动必然有自己的价值取向，以使新概念、新设想或新技术转变为经济效益。创新具有以下6个基本特点。

1. 新颖性

新颖性是创新的首要特征，它包括3个层次：一是世界新颖性或绝对新颖性，这是创新的基础；二是局部新颖性，这是创新的一种表现形式；三是主观新颖性，即创新是建立在个体的主观想象和判断基础上的。只有具备新颖性，创新成果才能推动科技的进步和社会的发展。

2. 价值性

创新所提出的新观点、新方法或新产品的价值和意义体现在为社会带来新的经济效益、社会效益和品牌价值，具有很高的应用和推广价值。创新可以推动经济的发展，提高人们的生活水平，并满足人们对美好生活的追求。

3. 目的性

创新活动有明确的目的和意义，它贯穿于创新过程的始终。创新不仅是为了解决问题和满足市场需求，更是一种创造财富和产生效益的过程。创新的目的性使得创新活动具有独特的取向，开拓新的领域，推动社会进步和发展等。

4. 超前性

创新过程中，超前性是必不可少的。只有站在超前的位置，才能避免被后来的创新者超越。这种超前是从实际出发、实事求是的超前。

5. 风险性

创新可能成功，也可能失败。由于认识不足或无法适应，或对创新过程难以有效地控制，创新活动存在失败的可能，这种不确定性即是创新的风险性。我们只能通过科学的设计与严格的实施来尽量降低创新的风险。

6. 动态性

创新是一个动态发展的过程。创新活动不是一劳永逸的，需要不断地变革和创新。在知识经济条件下，唯一不变的就是一切都在变，而且变化越来越快。创新是一个动态的过程，随着社会的发展和变化，需要不断更新和突破，这样才能保持活力，适应时代发展的要求。

（三）创新的意义

创新的意义主要体现在以下4个方面。

1. 创新能力的有与无，将决定一个人的发展前途

由于创新能力的差异会导致不同的结果或结局，踏实肯干固然重要，但从某种意义上说，有无创新能力，即应变思维的能力、超前思维的能力、联想思维的能力等更为关键。

2. 创新能力的高与低，将决定一个人的事业天地

古今中外，但凡在事业上有所建树、有所作为的人，都是创新能力很强的人。他们靠智慧、靠特色、靠创新、靠点子，开拓出了事业上的一片广阔天地，被人们所赞颂、所称道。

3. 创新能力的超与凡，将决定一个人的勇气谋略

一个人创新思维能力强，就敢于说他人没有说过的话，敢于做他人没有做过的事，敢于思考他人没有思考过的问题。创新思维能力的超与凡将决定一个人的勇气、胆识的大小，以及谋略水平的高低。

4. 创新能力的显与隐，将决定一个人的目标设计

有无创新能力？有哪个方面的创新能力？准确地了解、把握自己创新能力的大小及其表现形式将有助于自己的发展定位和目标设计。

二、创新的分类

创新涵盖众多领域，包括政治、军事、经济、社会、文化、科技等各个领域的全面创新。创新没有空间和时间的限制，分类也多种多样。

（一）根据内容表现划分

根据内容表现的不同，创新可以划分为知识创新、产品创新、管理创新和营销创新。

1. 知识创新

知识创新是技术创新的基础，是新技术和新发明的源泉，是促进科技进步和经济增长的革命性力量。知识创新指通过知识的获取、整合、共享、创造、应用和反馈等过程，不断地将新创造的成果应用于组织系统、技术系统和管理系统中，促使组织更好地适应复杂多变的环境，创造更高的经济价值。知识创新为人类认识世界、改造世界提供新理论和新方法，为人类文明进步和社会发展提供不竭动力。

例如，袁隆平致力于杂交水稻技术的研究、应用与推广，发明"三系法"籼型杂交水稻，成功研究出"两系法"杂交水稻，创建了超级杂交水稻技术体系。他提出并实施"种三产四丰产工程"，运用的就是超级杂交水稻的技术成果。袁隆平在杂交水稻研究领域处于世界领先地位，为我国及世界粮食生产做出了重大贡献，他的成果被称为解决新世纪世界性饥饿问题的法宝，被国际上誉为"第二次绿色革命"，他被国际同行誉为"杂交水稻之父"。又如，1972年，屠呦呦首次从黄花蒿中成功提取出青蒿素，并证明了青蒿素对治疗疟疾的神奇功效，她在2015年也因此获得诺贝尔生理学或医学奖。青蒿素的发现让人类有了迄今最有效的疟疾治疗药物，大大降低了疟疾死亡率。

2. 产品创新

产品创新是指创造某种新产品或对某一新或老产品的功能进行创新，产生性能和特征上全新的或有显著改进的产品，包括全新的产品和性能显著改进的产品两类。

例如，"中国天眼"（500米口径球面射电望远镜，简称FAST）位于贵州省黔南布依族苗族自治州，是国家"十一五"重大科技基础设施建设项目。"中国天眼"开创了建造巨型望远镜的新模式，其反射面相当于30个足球场，灵敏度达到世界第二大望远镜的2.5倍以上，可大幅拓展人类的视野，用于探索宇宙的起源和演化。

3. 管理创新

管理创新是指在特定的时空条件下，通过计划、组织、指挥、协调、控制、反馈等手段，对企业所拥有的生物、非生物、资本、信息、能量等资源要素进行再优化配置，并实现人们新需求的生物流、非生物流、资金流、信息流、能量流目标的活动。

例如，中国石化集团是我国石油化工行业巨擘，其信息化水平在国内石油公司中也首屈一指。无论是上游勘探开采，中游炼油、储运、化工，以及下游成品油销售，还是公司的管理、分析与决策，数字化和信息化运用的广度和深度贯穿了公司的各个层面，信息化建设取得了重大成效。

4. 营销创新

营销创新指采用新的营销方式，包括营销理念、产品设计或包装、分销渠道、促销方式等方面的显著改变。

例如，同仁堂始创于清康熙八年（1669年），自雍正元年（1723年）为清宫供奉御药188年。作为中医药行业著名的老字号品牌，同仁堂突破传统，重塑"国潮"养生新空间，推出新零售品牌——知嘛健康，在传承和发展传统中医药文化的同时，始终致力于创新与突破，让更多人了解并体验健康的生活方式。

"茅台+"跨界联名，屡屡爆红出圈

2023年9月4日，瑞幸咖啡与茅台推出的联名咖啡"酱香拿铁"正式上市。开售当天，不少人前往门店尝鲜，该产品也成为社交媒体上的热门话题。一时间，"民警实测酱香拿铁含酒精吗""警方建议喝了酱香拿铁别开车""酱香拿铁已经火到国外了"等多个相关话题冲上微博热搜，酱香拿铁爆红出圈，单品首日销量就突破了542万杯，单品首日销售额突破1亿元。时隔12天，9月16日，茅台趁热打铁和德芙联名推出"茅小凌酒心巧克力"，35元2颗的"茅小凌酒心巧克力"一经上线发售，就被"秒空"，火爆程度一如此前的酱香拿铁。茅台的两次跨界联名不仅为其赚足销量，还带来了巨大的流量和话题。据《工人日报》报道，业内人士认为：茅台左手牵瑞幸，右手拉德芙的合作方式，目的在于使其品牌年轻化提速，优化产品矩阵；对于瑞幸和德芙而言，与茅台的合作也有助于提升自身在相关行业的综合实力与品牌调性，这对于双方整体的流量、销量、品牌和渠道都有较好的加持。

（二）根据企业经营方式划分

根据企业经营方式的不同，创新可以划分为商业模式创新、流程创新和服务创新。

1. 商业模式创新

商业模式创新是指创造和创建客户价值和企业价值的系统，商业模式包含客户价值、盈利模式、关键资源和关键流程。商业模式创新是把新的商业模式引入社会的生产体系，并为客户和自身创造价值。通俗地说，商业模式创新就是企业以新的有效方式赚钱，改变企业价值创造的基本逻辑以提升顾客价值和企业竞争力的活动。

例如，花点时间作为一家互联网品牌，以日常鲜花为基础，使用订阅模式，让客户不需要再选花。在仪式感上下功夫，推出多款优秀的系列主题花，根据不同价位，花的种类、装饰也各不一样，每月送4次花，让客户的花时刻处于新鲜状态；利用主题做包装，打造各种主题，还有节日限定，引导客户在朋友圈晒花，养成打卡习惯，使客户变成"传播者"，将客户的"满足感"升华为"幸福感"，使客户逐渐"上瘾"。除此之外，花点时间独树一帜，在花瓶上"用心"，并赠送花瓶，带来了70%的复购率。

2. 流程创新

流程创新是指技术活动或生产活动中的操作程序、方式方法和规则体系的创新。广义的流程创新包括各种工作流程的创新，不局限于生产、工艺。这类创新需要彻底改变以往的业务经营方式，以使企业具备独特的能力，高效运转，迅速适应新环境并领先市场，获得较高利润。

例如，中通快递安装了自主研发的全自动分拣系统，智能快件分拣设备陆续投入使用，分拣速率将达到每小时可分拣10万件快递。自动化快速分拣技术取代大量的人工分拣，极大地提高了工作效率，通过这样的智能化实现了后端的无人化，前端只需要工人正确地摆放快递件，后边的智能相机识别，自动对应到相应的隔口，每小时处理量在1 800票，智能相机识别快递的准确率在99.5%以上。

案例分享

海底捞的商业经

海底捞现在可谓名噪大江南北，然而去吃过的人，回来谈论最多的并不是海底捞的食物有多么诱人可口，反而交口称赞的是海底捞让人感到"奇葩"的服务。这究竟是怎么回事？引发无数讨论的海底捞究竟是靠什么火到如此地步？

其实答案很简单，海底捞"捞"的不是别的，就是服务，就是商业模式创新。从停车泊位、等位、点菜、中途上洗手间、结账走人等全流程的各个环节，顾客都能感受到这种细微的服务。吃饭时服务员会帮你将手机装到小塑料袋以防进水，会给长发女士提供橡皮筋和小发夹，为戴眼镜的朋友送来镜布。尤其值得一提的是等候服务，在海底捞等位的顾客脸上完全看不到烦躁的表情，每个人都没闲着，上网、玩牌、下棋、喝东西、擦皮鞋、美甲等，这些都是免费提供的服务。"顾客至上"这句话人人都知道，但是真正做到的很少。海底捞很好地抓住了顾客的心理，把重点放在了服务上。做到你想不到的，做好你想到了的，海底捞正是凭借这样超凡的顾客体验，在众多的火锅店中脱颖而出。

3. 服务创新

服务创新是指在服务内容和方式上创造新的与原来完全不同的服务方式。它能使顾客更方便地试用产品，为顾客全方位地展现产品的特性和功用。

例如医疗健康服务创新，随着人口老龄化和疾病谱的变化，北京市推出了"互联网+医疗健康"服务，通过建立互联网医院、远程医疗、健康管理等平台，为市民提供更加便捷、高效的医疗健康服务。又如教育服务创新，通过引入新的教育技术、教育模式等手段，提高教育服务的质量和效率。上海市推出了"智慧校园"项目，通过建立数字化教学平台、智能化教学设备等手段，提高教学效果和学生的学习体验。再如公共交通服务创新，通过引入新的交通技术、交通模式等手段，提高公共交通服务的质量和效率。深圳市推出了"智慧公交"项目，通过建立智能化公交站台、智能化公交车辆等手段，提高公交服务的准确性和便捷性。

 经典实例

厉害了！这把反向伞

人类使用雨伞已经有3 000多年的历史了，然而传统雨伞的设计有很多不方便的地方。例如上车下车时，想在车里收伞或开伞，都是不可能的。回到家里，也得先在外面收了伞才能进门。动作再快，都还是要淋上几秒，免不了弄湿衣服。而且，湿漉漉的伞也经常没地儿放，弄湿地板简直是家常便饭。为了解决这些问题，61岁的英国大叔Jenan Kazim发明了一款完全颠覆传统的反向折叠伞。这把伞的外观看起来跟普通伞没什么两样，但打开方式完全不一样。我们熟悉的伞都是下张上合，像蘑菇一样。而反向伞是上张下合的，打开时就像花朵盛放一样。只需要很小的空间，即可完成打开和收拢的动作，雨水会被直接截留在伞的内部，不用担心把车里、家里弄得湿漉漉了。在拥挤的人群中打开雨伞，也不用怕戳到别人了。除此之外，反向伞的骨架使用的是双辐条，万一被强风吹翻了也不怕，按下手把上的按钮就能迅速恢复原状，如图2-1所示。这把反向折叠伞一经推出，就受到热烈的追捧与支持。Jenan Kazim上网众筹时，本只打算众筹2.5万英镑，但没想到在一个月的时间里竟然筹到了26万英镑。

图2-1　反向折叠伞

任务二　培育创新思维

思维，就是通常说的"思考""想""动脑筋"，是人脑对客观事物间接的、概括的反映。思维是在表象、概念的基础上进行分析、综合、判断、推理等理性认识的过程。在认知心理学中，人的大脑被比喻为计算机，思维则被理解为程序的运行过程。创新思维往往能激发出人潜在的智能，帮助人们找到多种解决问题的方案，跳出传统的思维框架。创新思维是一个人在工作乃至事业上永葆生机和活力的源泉，能够有助于个人解决学习、工作和生活过程中不断出现的新情况、新问题。

一、创新思维

（一）创新思维的定义

创新思维是指对事物间的联系进行前所未有的思考，从而创造出新事物的思维方法，是一切具有崭新内容的思维形式的总和。

科学家的新发现，科技人员的技术革新和发明，社会改革家的新设想、新计划，普通劳动者的创造性活动，艺术家的创作，甚至小学生通过独立的思考，解决从未遇到过的难题的活动都是创新思维的具体体现。总之，凡是能想出新点子、创造出新事物、发现新路子的思维都属于创新思维。

（二）创新思维的特征

从创新思维的含义中可以看出，创新思维具有以下几个特征。

1. 突破性

创新思维贵在创新，它或者在思路的选择上，或者在思考的技巧上，或者在思维的结论上，具有"前无古人"的独到之处，具有一定范围内的首创性、开拓性。因此，具有创新思维的人，对事物必须具有浓厚的创新兴趣，在实际活动中善于超出思维常规，对"完善"的事物、平稳有序发展的事物进行重新认识，以求新的发现，这种发现是一种独创，是一种新的见解、发明和突破。

微课

打破思维定式

宇宙是人类永恒的研究对象之一。人们总是对宇宙的奥秘充满了无限的好奇。"天问"问天，"祝融"探火。这是中国人首次在火星上留下痕迹，是我国星际探测从地月系到行星际的非凡跨越，是中国航天事业发展史上的重要里程碑。从揽月九天，到太空建站，再到跋涉数亿千米着陆火星，中国航天人稳扎稳打，为实现浪漫宏远的深空梦做着持续努力，取得了一个又一个新的突破。

2. 新颖性

创新思维的新颖性是指善于打破陈规，寻找新的角度、新的切入点，提出超乎寻常的新观念、新方案。创新思维是新颖、独特的思维，它打破传统和习惯，展示出新的概念、新的范畴、新的形象、新的结构。

例如，根据蚂蟥有吸人血的习性，医生在整形手术中利用蚂蟥来吸淤血从而增加组织移植的成活率。

3. 非逻辑性

创新思维的发生伴随有"想象""直觉""灵感"之类非逻辑、非规范的思维活动。追求新、奇、特也是创新思维的一大特点。为了获得新、奇、特的构思，人们必须采用"反常规"

的思路，也就是只有奇思异想，才能避免"构思平庸""与人雷同"而不落俗套。

例如，德国科学家普朗克于1900年12月在柏林物理学会召开的一次会议上宣布了量子理论。但在当时，没有人知道这一点。

4. 灵活性

灵活性即思维灵活，能及时转换变通：一是能从多方位、多角度、多侧面去思考对象；二是易打破思维定式的影响，思路受阻时能迅速转换。进行创新思维活动时可以迅速地从一个思路转向另一个思路，从一种意境进入另一种意境，多方位地试探解决问题的办法，这样创新思维活动就会出现不同的结果或方法、技巧。

例如，古人看庐山"横看成岭侧成峰，远近高低各不同"，视角不同，认知的结果就不同。

5. 综合性

创新思维的综合性是指在前人或过往经验、实践的基础上，把大量的观察材料、事实和概念综合一起，进行概括、整理，形成科学的概念和体系，结合过往经验加以深入分析，把握其个性特点，再从中归纳出事物规律。

例如，手机是综合固定电话、无线电发报机、计算机或GPS（全球定位系统）等技术的创新产品。

二、创新思维的作用

创新是一种探索性的活动，从问题的发现、提出到创造成功，整个过程势必包含许多曲折反复，因而也一定有多种思维方式的参与：既有知觉的洞察和灵感的闪现，又有想象的驰骋和类比的启迪，更不乏演绎与归纳、发散与集中、假想与试探。只有突破刻板思维的约束，灵活地运用多种创新思维方法，才会有非同寻常的创造。

（一）增加人类知识的总量

创新思维因其对象的潜在特征，表明它是向着未知或不完全未知的领域进军，不断扩大着人们的认识范围，把未被认识的事物变为可以认识和已经认识的事物。科学上每一次的发现和创造都为人类由必然王国进入自由王国不断创造着条件。

（二）提高人类的认识能力

创新思维的特征表明，创新思维是一种高超的艺术，创新思维活动及过程中的内在东西是无法模仿的。这内在的东西即创新思维能力。这种能力的获得依赖于人们对历史和现状的深刻了解，依赖于敏锐的观察能力和分析问题能力，依赖于平时知识的积累和知识面的拓展。而每一次的创新思维过程就是一次锻炼思维能力的过程，因为要想获得对未知世界的认识，人们就要不断地探索前人没有采用过的思维方法、思考角度去思维，就要独创性地寻求没有先例的办法和途径去正确、有效地观察问题、分析问题和解决问题，从而极大地提高人类认识未知事物的能力。因此，认识能力的提高离不开创新思维。

（三）为实践开辟新的局面

创新思维的新颖性与风险性的特征赋予了它敢于探索和创新的精神。在这种精神的支配下，人们不满足于现状，不满足于已有的知识和经验，总是力图探索客观世界中还未被认识的本质和规律，并以此为指导，进行开拓性的实践，开辟出人类实践活动的新领域。如果没有创新思维，人类在已有的知识和经验上坐享其成，那么，人类的实践活动就只能留在原有的水平上，实践活动的领域也会非常狭小。

创新思维是将来人类的主要活动方式和内容。历史上发生过的工业革命没有完全把人从体力劳动中解放出来，而目前世界范围内的新技术革命带来生产的变革，全面的自动化把人从机械劳动和机器中解放出来，去从事控制信息、编制程序的脑力劳动，人工智能技术的推广和应用使人所从事的一些简单的、具有一定逻辑规则的思维活动可以交给人工智能去完成，从而又部分地把人从简单脑力劳动中解放出来。这样，人将有充分的精力把自己的知识、智力用于创新思维活动，把人类的文明推向一个新的高度。

三、创新思维的识别

（一）发散思维与收敛思维识别

1. 发散思维

发散思维也叫扩散思维、辐射思维，是一种在思考过程中，从所要解决的问题出发，从不同角度、不同方向、不同层次进行多方面的思维判断，从而形成解决问题的多种思路、多种方法、多种方案，进而为决策选择打下良好的基础的思维方式。发散思维是一种突破习惯和经验的束缚，呈现扩散状态，求得多种解决方案的思维方式，通俗地讲，就是从一点到多点的思维方式。

发散思维具有三大特征：流畅性、变通性和独特性。

（1）流畅性。流畅性是指能产生大量念头的能力特征，反映的是思维的数量和速度。

（2）变通性。变通性是指改变思维方向的能力特征，反映的是思维的灵活和跨越。

（3）独特性。独特性是指能够产生不同寻常的新念头的能力特征，反映的是思维的本质。

例如，爱因斯坦创立的相对论，就是在对事物用不同视角进行观察后，对其相互的关系做出的自己的解释。

发散思维训练的方法有多种，如功能扩散、结构扩散、形式扩散和组合扩散。

（1）功能扩散：以某物的功能为扩散点，想象获得该功能的各种可能性。例如，尽量想多种办法去污脏衣服等。

（2）结构扩散：以某物的结构为扩散点，想象使用该结构的各种可能性。例如，列出尽可能多的"立方体"结构的东西；列出尽可能多的有"旋钮"结构的东西。

（3）形式扩散：把事物的形状、颜色、声音、味道、明暗作为扩散点，想象使用某种形式的可能性。例如，尽可能想象你能用红灯做什么。

（4）组合扩散：从某件事出发，想象尽可能多的可能性，把另一件事（或某些事）连接成有新价值（或附加值）的新东西。例如，说出尽可能多的砖块的功能。

发散思维创造的奇迹

第23届洛杉矶奥运会主席彼得·尤伯罗斯（Peter V.Ueberroth）运用发散思维创造了奇迹。历届奥运会都亏损严重，但第23届洛杉矶奥运会非但未负债，反而盈利2亿美元，创造了震惊世界的奇迹。尤伯罗斯说，这次尝试能够获得成功要归功于他在美国佛罗里达州听了英国创造学家德博诺博士一个多小时关于发散思维的演讲。受该演讲的启发，他从节流与开源两方面进行思维发散，提出了解决奥运会经费的方案。

（1）改造已有的体育场，尽量少建新馆。

（2）以广告为条件让麦当劳出资400万美元建游泳馆。

（3）利用假期大学生宿舍办奥运村。

（4）提前1年发售门票赚取大笔利息。

（5）出售火炬传递接力权（3 000美元/千米）。

（6）选择30家赞助厂商集资1亿美元。

（7）以7 500万美元的价格出售广播转播权给各国电视台。

（8）将奥运会标志"山鹰"作为专利商品广泛出售。

2. 收敛思维

收敛思维也称求同思维、集中思维、辐合思维，是指在解决问题的过程中，尽可能利用已有的知识和经验，把众多的信息逐步引导到条理化的逻辑程序中去，以便最终得到一个合乎逻辑规范的结论。收敛思维是从不同来源、不同材料、不同层次探求出一个正确答案的思维方法，是一种有方向、有范围、有条理的收敛性思维方式。收敛思维包括分析、比较、综合、归纳、演绎、科学抽象等逻辑思维形式。通俗地讲，它是指以某个思考对象为中心，从不同的方向和角度将思维集中指向这个中心点，利用已有信息，寻求唯一正确方案，以达到解决问题的目的。收敛思维能力的高低取决于一个人的分析、比较、综合、抽象、概括、判断和推理的能力。

收敛思维具有三大特征：唯一性、逻辑性和比较性。

（1）唯一性。与发散思维相反，收敛思维是唯一确定的，不允许含糊其词、模棱两可。

（2）逻辑性。收敛思维强调逻辑的严密性，需要冷静科学地进行分析，刨根问底，去伪存真。

（3）比较性。在收敛思维过程中，要对现有的各种方案进行比较才能确定优劣。比较的时候，既要考虑单项因素，又要考虑总体效果。

例如洗衣机的发明，先尽可能地列出各种洗涤衣服的方法，搓衣板洗、用流水冲洗、用脚踩洗、在河中漂洗、用棒槌敲打等。用收敛思维，充分吸收各种方式的优点，结合现有的技术条件，制定设计方案，然后不断改进，形成一个最有效的洗衣机方案。

收敛思维训练的方法如下。

（1）辏合显同法：把所有感知到的对象依据一定的标准"聚合"起来，显示它们的本质和共性。

（2）层层剥笋法（分析综合法）：围绕问题进行层层分析，向问题的核心进一步逼近，抛弃那些非本质的、繁杂的特征，揭示出隐藏在事物表面现象内的深层本质。

（3）目标确定法：平时我们碰到的大量问题比较明确，很容易找到问题的关键，只要采用适当的方法，问题便能迎刃而解。

（4）聚焦法：围绕问题进行反复思考，有时甚至停顿下来，使原有的思维浓缩、聚拢，形成思维的纵向深度和强大的穿透力，积累一定量的努力，最终达到质的飞跃，顺利解决问题。

（二）逆向思维与侧向思维识别

1. 逆向思维

逆向思维也叫反向思维、反转思维，其特点是改变惯常思维的方向，从相反方向来认识事物、思考问题。这种思维由于突破了人们考虑问题的思维定式，因而往往能够获得惯常思维所不能取得的成效。

例如，春秋战国时期，田忌与齐威王赛马，按照惯例应是良马对良马，次马对次马。田忌却运用逆向思维方法，让次马与齐威王的良马比赛，以良马对中马、中马对次马来进行比赛。结果，田忌取得三局两胜的战绩。

青岛啤酒如何进入美国市场？

当初，青岛啤酒在进入美国市场时主要做了两件事情：一是出资请美国广告商通过报纸、电视、电台等新闻媒体进行广告宣传；二是让美国的大饭店接受这种啤酒，以扩大影响。后一件事做起来很不容易，因为美国的大饭店不会轻易购买新品牌的啤酒。啤酒推销商看到了这一点，没有登门推销，而是采取相反的做法，变卖为买。他们出资在纽约多家大饭店举办宴会，宴请社会名流并指名要青岛啤酒，如果没有，就以缺少这种酒、宴会不够档次为由，取消宴会。这样，青岛啤酒不仅受到纽约许多大饭店的重视，登上了高档宴会，而且逐渐在美国啤酒市场站稳了脚跟。

这种以买促卖的做法无疑是逆向思维的创新成果。可见，只要勇于突破旧的思维，跳出经验和常识的桎梏，反其道而行之，再大的难题也会有更好的解决办法。

逆向思维训练的方法如下。

（1）反转法。从已知事物的相反方向进行思考，产生发明构思的途径。

（2）转换法。解决这一问题的手段受阻时，转换成另一种手段，或转换思考角度，以使问题顺利解决。

（3）缺点法。利用事物的缺点，将缺点变为可利用的东西，化被动为主动，化不利为有利。

2. 侧向思维

侧向思维是指向思考的事物及问题的侧面伸展思维触角，以求获得新的思维成果。这是发散思维中最常使用的一种方法。

例如，三国时期，孙权送来了一头大象，曹操想知道这头大象的重量，但属下们都说不出称象的办法。曹冲说："把大象赶到船上，沿着水面在船舷上做上记号，再让船装载石头，使船下沉至记号处，称一下石头就知道大象的重量了。"

侧向思维训练的方法如下。

（1）侧向移入：跳出本专业、本行业的范围，摆脱习惯性思维，侧视其他方向，将注意力引向更广阔的领域；或者将其他领域已成熟的、较好的技术方法、原理等直接移植过来加以利用；或者从其他领域事物的特征、属性、机理中得到启发，导致对原来思考问题的创新设想。例如为了减少摩擦，人们一直在不断地改进轴承。正常思路无非是改变滚珠形状、轴承结构或润滑剂等，但都不能带来大的突破。后来，有人把视野转到其他方向，想到高压空气可以使气垫船漂浮，相同磁性材料会相互排斥并保持一定的距离。于是，将这些新设想移入轴承中，发明了不用滚珠和润滑剂，只需向轴套中注入高压空气，使旋转轴成悬浮状的空气轴承，或用磁性材料制成的磁性轴承。

（2）侧向移出：与侧向移入相反，侧向移出是指将现有的设想、已取得的发明、已有的感兴趣的技术和本厂产品，从现有的使用领域、使用对象中摆脱出来，将其外推到其他意想不到的领域或对象上。这也是一种立足于跳出本领域、克服线性思维的思考方式。

（三）想象思维与联想思维识别

1. 想象思维

想象思维是人脑通过形象化的概括作用，对大脑内已有的记忆表象进行加工、改造或重组的思维活动。想象思维可以说是形象思维的具体化，是人脑借助表象进行加工操作的最主要形式。想象思维有无意想象和有意想象两种类型。

（1）无意想象

无意想象即不受意识主体支配的想象。在这种思维活动中，思维主体没有特定的目的性，但可以让潜意识活跃起来，可能导致灵感的产生，这往往是创造的先导。

（2）有意想象

有意想象即受主观意识支配的思维活动。这种思维活动总是在创新者主观意识的支配下进行。有意想象又可分为再造型想象、创造型想象和幻想型想象。

① 再造型想象。再造型想象是根据他人的描述而在自己的头脑中产生形象的心理过程。这些新形象不是独立创造出来的，而是在他人启发下重新唤起已有的记忆表象。

② 创造型想象。创造型想象是创造主体有目的地对自己已有的记忆表象进行加工、改造和

重组而产生新形象的思维操作过程。这些新形象是外部世界不曾存在的，具有新颖性。因此，创造型想象是创新思维中一种重要的思维形式。

③ 幻想型想象。幻想型想象是创造型想象的一种极端形式。它以现实世界为出发点，但其范围不受约束，其结果往往超出现实太远，有的一时难以实现。幻想型想象又可以分为有意义幻想和无意义幻想，有意义幻想是创造的源头。

案例分享

《三体》

刘慈欣所著的《三体》是亚洲唯一获得世界科幻文学最高奖项"雨果奖"的科幻著作。《三体》讲述了一个宇宙级别的生存与毁灭的故事。这部作品不仅为中国科幻文学开创了新的篇章，更将中国科幻推向了世界。《三体》所传达的科技与文明的反思，以及对于人性、信仰、道德等问题的深度挖掘，使其成为一部引人深思的佳作。"硬科幻"《三体》真人剧集的播出为中国科幻电视剧的发展提供了一个重要的历史性节点。

想象思维训练的方法如下。

（1）跳跃联想法：将无意义的事物联系在一起，寻找它们的因果关系，或者将它们整合在一起激发创意灵感。

（2）冥想虚拟法：在脑海中对事物从简单到复杂、从静态到动态地进行虚拟再现。

（3）假想假设法：猜想不可能的、不存在的、未发生的、非理性的各种事件、问题、情境、答案等。

（4）形象思考法：在思维活动中把习惯的概念文字符号都统统转化为直观的图形图像符号，锻炼形象思考的能力。

（5）未来幻想法：训练超前意识，对未来可能发生的情况提前进行思考，就能够洞察先机，智高一筹。

微课

联想法训练

2. 联想思维

联想思维是指在人脑内记忆表象系统中，由于某种诱因，不同表象发生联系的一种思维活动。例如微波炉的发明。美国工程师斯潘塞在做雷达起振实验时，发现口袋里的巧克力融化了，原来是雷达电波造成的。由此，他联想到用雷达电波来加热食品，进而发明了微波炉。又如消肿解毒良药的问世。我国汉末医学家华佗有一次看到，蜘蛛被马蜂蜇后，落在一片绿苔上打了几个滚，肿便消失了。他由此联想到绿苔可用来为人治病。通过试验，消肿解毒良药便问世了。

联想思维分为以下4种类型。

（1）接近联想

接近联想是由于时间或空间上的接近而引起不同事物之间的联想。例如：当你遇到中学老师时，就可能联想到他过去讲课的情景，甚至讲课的内容，这就是时间接近联想；当你走过学校门口时就会想到学校里的课堂、桌椅和操场等，这就是空间接近联想。

（2）相似联想

相似联想是由于外形、色彩、性质或意义上的相似而引起的联想。由外形相似引起的联想，如由小船联想到军舰；由色彩相近引起的联想，如由某一道菜联想到鲜花或水果；由性质相似引起的联想，如由树叶和竹子在风中发出的响声联想到乐器；从意义相似引起的联想，如从质量守恒联想到能量守恒等。联想难度越大、越抽象，对创造性活动的作用越大、越有意义。

（3）对比联想

对比联想是由于事物间完全对立或存在某种差异而引起的联想，如由黑联想到白、由水联想到火、从无联想到有、从苦联想到乐、从失败联想到成功、从生联想到死等。其突出的特点就是悖逆性、挑战性、批判性。对比联想对于创造性活动是很宝贵的，有时会产生很有价值的创造。

（4）因果联想

因果联想是由于两个事物存在因果关系而引起的联想。这种联想往往是双向的，可以由因联想到果，也可以由果联想到因。如果找到的因不对或不合适，就要重新寻找；如果得到的果不对或不理想，就要再找新的因。

联想思维训练的方法如下。

（1）类比法：类比法是把陌生的对象与熟悉的对象、把未知的东西与已知的东西进行比较，从中获得启发而解决问题的方法。实施时有根据原型的启发，直接将一类事物的现象或规律用到另一类事物上的直接类比；有根据某一事物的因果关系推出另一个事物的因果关系而产生新成果的因果类比；有利用对称关系进行类比而产生新成果的对称类比。例如，原来化妆品都是女士的专用，根据对称类比，男士化妆品应运而生了。

（2）移植法：移植法是指把某一事物的原理、结构、方法、材料等转用到当前的研究对象上，从而产生新成果的方法。有将某种科学技术原理转用到新的研究领域的原理移植；有将某事物的结构形式和结构特征转用到另一个事物上，以产生新的事物的结构移植；还有方法移植、材料移植等。

案例分享

缺失的资料

有一次，日本新日铁公司寄给我国宝山钢铁公司一箱技术资料，清单上写明是6份，但开箱清点只有5份。双方发生争执，日方坚持说："我方装箱时须经过多次检查，不会漏装。"宝钢人员则说："我们开箱时有很多人在场，并反复清点，在确认缺少一份资料后才向贵方提出交涉。"双方各执一词，相持不下，后来宝钢做了充分准备，再与日方谈判，分析了3种可能：①日方漏装；②运输途中丢失；③我方开箱后丢失。接着逐一分析：如果是在运输途中丢失，木箱一定会破损，现在箱体完好，故不可能；如果资料是我方开箱后丢失，那么木箱上标印的净重就会大于5份资料的重量，而现在正好相等。现在，3种可能已排除了2种，那就肯定是日方漏装了资料。后来新日铁公司只好承认漏装并补送了一份资料。

（四）直觉思维与灵感思维识别

1. 直觉思维

直觉思维是指人们在解决问题时不经过逐步分析和推理，而迅速对问题的答案做出合理的猜测、设想或顿悟的一种跃进性思维，又称直观思维。人们所说的"第一印象""手感"等就是一种直觉。

直觉思维实际上是把宏观的注意力放在事物的整体上的思维，它与逻辑思维微观地把注意力放在事物的各个部分上是很不相同的。直觉思维能力强的人常常会从一些偶然事件中突然领悟到问题的实质，其结果常常产生突破、形成飞跃而导致创造。

直觉思维具有总体性、瞬间性、顿悟性、潜意识的参与性、间断性和猜测性的特点。第一，直觉思维是从总体上观察、认识事物后，便对它做出某种判断，而不像逻辑思维，先分析认识事物的各个局部，然后再综合认识事物的全局和整体。第二，直觉思维往往是问题的出现和解决同时进行，令人感到是同时发生的。第三，直觉思维表现为思想上的"顿悟"，是一种豁然开朗。第四，运用直觉思维思考问题时，究竟怎样在一瞬间看出问题的实质而做出判断是思考者自己并不知道的。思考者头脑中可能有潜意识参与了思维过程，直觉思维的成果可能是潜意识和显意识共同作用的产物。第五，直觉思维的结果并非一定正确，它具有猜测性和试探性。

直觉思维训练的方法如下。

（1）获得更多的知识和丰富的人生阅历。直觉不会无缘无故、毫无根据地产生。它依靠的往往是一个人的知识和经验。获取更多的知识和丰富的生活经验是增强直觉的基础。

（2）培养敏锐的观察力和洞察力。直觉的突出特点是它的观察力和洞察力。直觉与一个人看事情的视角有着非常重要的关系。一个观察力敏锐的人，触及事物本质的效果更强。

（3）真诚、客观地对待直觉。直觉建立在人已有的知识经验和"直接感受"的基础上。想要有优秀的直觉思维，就要真诚、客观地对待直觉。

（4）通过刻意的练习积累丰富的人生经验。想要获得更多的直觉思维，仅仅靠书本知识是不够的，还需要你拥有丰富的阅历和经验。

2. 灵感思维

灵感思维指人们在科学研究、科学创造、产品开发或问题解决过程中，由于学习和实践，在不断累积经验的过程中突然出现的富有创造力的思路。它产生于大脑对接收到的信息的再加工，储存在大脑中沉睡的潜意识被激发，即凭直觉领悟事物的本质。

灵感思维具有以下特征。

（1）突发性。灵感往往是在出其不意的刹那间出现，使长期苦思冥想的问题突然得到解决。

（2）偶然性。灵感在什么时间可以出现，在什么地点可以出现，或在哪种条件下可以出现，都是难以预测且带有很大的偶然性的。

（3）模糊性。灵感的产生往往是闪现式的，而且稍纵即逝，它所产生的新线索、新结果或新结论使人感到模糊不清。

灵感思维训练的方法如下。

（1）观察分析。进行科技创新活动，自始至终都离不开观察分析。观察不是一般的观看，而是有目的、有计划、有步骤、有选择地观看和考察所要了解的事物。通过深入地观察和分析，形成创造性的认识。

（2）启发联想。新认识是在已有认识的基础上发展起来的。旧与新或已知与未知的连接是产生新认识的关键。因此，要创新，就需要联想，需要从联想中受到启发，引发灵感，形成创造性的认识。

（3）实践激发。实践是创造的阵地，是灵感产生的源泉。实践激发既包括现实实践的激发，又包括过去实践体会的升华。迫切解决问题的需要促使人们积极地思考问题，废寝忘食地钻研探索，科学探索的逻辑起点是问题。因此，在实践中思考问题，提出问题，解决问题，是引发灵感的一种好方法。

（4）激情冲动。积极的激情能够调动全身心的巨大潜力去创造性地解决问题。在激情冲动的情况下，人们可以增强注意力，丰富想象力，提高记忆力，加深理解力。激情冲动可以使人产生一股强烈的、不可遏止的创造冲动，并且表现为自动地按照客观事物的规律行事。这种自动性是建立在准备阶段反复探索的基础之上的。

（五）互联网思维

互联网思维指在（移动）互联网、大数据、云计算等科技不断发展的背景下，对市场、用户、产品、企业价值链乃至整个商业生态进行重新审视的思考方式。

 拓展阅读

"小米模式"诠释互联网思维

小米科技的"一飞冲天"令世人瞩目。这个2011年才杀进"红海"的手机制造厂商，在3年时间里将销售额从一年5亿元提升至半年300亿元。2014年上半年，小米共销售了2 611万部手机，同比增长271%，全年完成6 000万部销量几无悬念。

支撑这张"疯狂"成绩单的，其实就是小米依靠互联网思维实施的种种模式创新。小米科技董事长雷军坦言："我们作为一家手机公司，关键就是插上了互联网的翅膀，互联网是一种思维，是一种考虑未来的方法。"

所谓互联网精神，就是开放、透明、合作，而将这些要点投射到设计、营销、增值服务各个环节，再向生态链上下游延伸，"小米模式"应运而生。

例如，在产品设计上，通过和用户密切的互动关系来优化产品。打开小米官方论坛，一天时间里，小米会员就贡献出189 176个帖子，内容从"MIUI6省电技巧"到"小米手环大改造"。直到现在，小米论坛上每个星期依然会推出一个新的小米手机系统版本，而其中功能的更新多半来自"米粉"的畅想和"吐槽"。对此雷军表示："智慧是大家创造的，重要的是有开放的心态，'从群众中来，和群众一起'。"

又如，在定价上，"超高性价比"一向是小米的最大卖点。但雷军多次表明，小米并不是靠卖硬件赚钱，而是靠卖软件、构建生态系统赚钱。这也和传统手机厂商的思维定式大相径庭。互联网厂商的基本思路则是将自己擅长的内容与应用服务融入硬件设备，增强用户黏性，将终端打造成"超级入口"，从而以增值服务创造崭新的商业模式。小米系统中一款类似于微信的即时通信工具"米聊"，用户已突破5 000万人。

再如，在营销环节，走社会化营销道路，靠口碑营销和以粉丝经济取胜是小米最有特色的模式。然而，如何与社交网络"勾兑"？怎样调动用户的"参与感"？如何恰如其分地利用"饥饿营销"？小米推出了由其联合创始人黎万强写作的小米内部营销手册《参与感》。雷军表示，在小米看来，这些都是可复制的经验，小米希望公开这些经验，帮助传统产业了解互联网和互联网用户，实现自己的转型升级。

"小米模式"已开始对生态链上下游的企业产生影响。小米开始启动"生态链计划"，目标是将其模式复制到100家企业，通过打通软件、硬件和服务，构建小米手机全产业链，并以此向智能家居、智能可穿戴设备等新领域进军。截至目前，包括智能路由器、智能摄像头、智能灯泡、智能插座等系列产品已经发布。带着"小兄弟"们，小米走上了一条新的"快车道"。

资料来源：中国经济网《经济日报》，2014年，有删改

 拓展阅读

互联网的九大思维

1. 用户思维

用户思维是互联网思维的核心，指在价值链各个环节都要"以用户为核心"去考虑问题。互联网消除信息不对称，使得消费者主权时代真正到来。

2. 简约思维

简约思维是指在产品规划和品牌定位上，力求专注、简单；在产品设计上，力求简洁、简约。

3. 极致思维

极致思维是指把产品和服务做到极致，把用户体验做到极致，甚至超越用户的预期。在互联网时代，只有把产品做到了极致，超出了用户的预期，才有核心的竞争力。

4. 迭代思维

迭代思维就是以重复的方式来改进、调整和优化当前的一些问题，逐步接近"完美"。迭代思维可以帮助我们在追求目标的过程中不断修正和完善，从而实现更好的效果。产品开发要快，发展用户要快；要快速地改进产品和体验，从小处着眼不断微创新。

5. 流量思维

只要是使用工具和手段促进传播规模，进而增加销量的思维方式，都可以称为流量思维。流量意味着体量，体量意味着分量。

6. 社会化思维

社会化思维是指组织利用社会化工具、社会化媒体和社会化网络，重塑企业和用户的沟通关系，以及组织管理和商业运作模式的思维方式。

7. 大数据思维

大数据思维是指数据资产成为核心竞争力，注重挖掘大数据，大数据驱动运营管理。它是在处理大数据问题时所采用的思维方式。

8. 平台思维

首先理解平台的含义，平台是指在平等的基础上，由多主体共建的资源共享、能够实现共赢的、开放的商业生态系统。平台思维就是一种共享、共赢、开放的思维方式。

9. 跨界思维

随着互联网和新科技的发展，很多产业的边界变得模糊，互联网企业的触角已无孔不入。跨界人才，尤其是能够跨越传统产业和互联网的两栖人才不可多得。

案例分享

"天宫课堂"第一课开讲

2021年12月9日，神舟十三号乘组航天员王亚平在翟志刚、叶光富的辅助下，在中国空间站进行了"天地互动"太空授课。此次太空授课活动进行了全程现场直播，在中国科技馆设地面主课堂，在广西南宁、四川汶川、香港、澳门分设4个地面分课堂，共1 420名中小学生代表参加现场活动。这场精彩的太空科普课为很多同学和老师打开了一扇全新的探索科学的大门。

上课过程中，不管是主课堂还是分课堂，同学们掌声不断，大家目不转睛地看着大屏幕，坐在后面的小朋友后背挺得直直的，使劲伸着脖子。当王亚平展示水膜实验，她和女儿做的那个折纸花成为了一朵太空中盛开的花时，蓝色水球出现时，水杯在空中而水不洒时等等，每一个动作成功后，都会响起热烈的掌声，同学们用这样的方式告诉航天员们，这个非常有意思，也在给航天员点赞。很多同学下课后还在回味上课的内容。

课后，很多老师表示，"天宫课堂"的太空科普课激发了学生探索的欲望、对未知的好奇，让学生从天地差异中感受到宇宙的奥秘，播撒了探索科学奥秘的种子，从而激发了学生学习的动力，这是最可贵的。

中国科技馆科普讲师团副团长陈征说，"天宫课堂"的设计初衷，正是更好地推动青少年乃至全民族追逐科学梦想，开启创新的大门，授人以鱼不如授人以渔。陈征表示："我们要的是让孩子自己去探索、思考，所以多一个知识点少一个知识点，我认为不重要，高水平科技自立自强是我们的主题，我们的主题靠什么？靠创新。创新不是只靠学会已知的东西，更重要的是要懂得如何探索未知。今天，大家看到的这些现象对于孩子来讲就是未知的，需要孩子自己去观察、思考，这才是授人以渔的过程。"

资料来源：央广网，有删减

案例分享

中国智造，如何引领中国经济？

2023年9月20日至24日，2023年世界制造业大会在安徽合肥举行，共有7个展馆，8万平方米，参展企业带来的展品涵盖了量子科技、人工智能、高端装备、智能家电等领域，很多是首次对外展出。作为本届展会的明星展品，磁浮列车引来了大量观众的关注，时速600公里的磁浮列车填补了航空和高铁之间的速度空白。

高端化、智能化、绿色化是中国高端制造业未来的发展方向。2022年我国全部工业增加值突破40万亿元大关，制造业增加值连续13年居世界首位，占全球比重接近30%；我国规模以上工业企业数量从2012年的34.4万家增加到了2022年的45.1万家。制造业快速发展壮大的同时，高端化、智能化、绿色化也在不断深入。

从"制造"到"智造"的一字之差反映了世界制造业正在向高端化、智能化发展的趋势，同时也展示了中国制造业向智能化转型、加快高质量发展的最新成果。实际上，我们国家早在很久以前就开始重视数字化、智能化革命，这对我们产业升级产生了深远的影响。在"中国制造2025"计划中，智能制造被列为其中的一个重要工程，相关部门和地方政府也推动了一系列的试点示范和配套支持政策。近年来，我国的企业在智能化转型和智能制造应用的规模和发展水平方面都实现了大幅提升。可以说，制造业智能化发展的成果非常明显，为工业经济的高质量发展提供了有力支撑。这具体体现在一些重点行业，例如手机行业，传统的功能机已经转变为集通信、社交、移动支付、融媒体、出行、购物于一身的智能手机。又如汽车行业，整个智能化变革不仅实现电动化、绿色化，还向智能化、网联化发展，增加了辅助驾驶等功能，以及车载娱乐等。此外，智能家居、智能服务机器人等也开始进入家庭，这些都是智能化的重要体现。

资料来源：《中国智造，如何引领中国经济？》，央视新闻客户端，有删减

实训任务

任务一

实训主题	开拓创新思维——创新案例分享		
实训内容	根据创新的分类，分享不同的创新案例		
实训流程	**时间（30分钟）**	**要求**	**注意事项**
	5分钟	1. 以6人为一组； 2. 确定主持人和记录员	小组分组可以采取抽签的方式进行
	15分钟	根据创新的不同分类，锁定一个方向，搜集相关案例，记录下来，并分享	1. 组与组之间不进行任何形式的交流； 2. 讨论时注意倾听和思考他人的看法
	10分钟	1. 小组汇报各自讨论的结果，分享活动感受； 2. 教师针对各组分享的内容进行总结点评，使学生更好地了解创新	
实训总结	**教师点评内容**		
	学生实训心得		

任务二

实训主题	培育创新思维——识别创新思维
实训内容	根据创新思维的分类，分享不同的创新思维案例

	时间 （30分钟）	要求	注意事项
实训流程	5分钟	1．以6人为一组； 2．确定主持人和记录员	小组分组可以采取抽签的方式进行
	15分钟	识别创新思维的不同形式，锁定一个方向，搜集相关案例，记录下来，并分享	1．组与组之间不进行任何形式的交流； 2．讨论时注意倾听和思考他人的看法
	10分钟	1．小组汇报各自讨论的结果，分享活动感受； 2．教师针对各组分享的内容进行总结点评	

实训总结	教师点评内容
	学生实训心得

任务三

实训主题	开拓创新思维——信息采集		
实训内容	搜集当地政府及学校实施的"双创"扶持政策、相关赛事等信息		
	时间 （30分钟）	**要求**	**注意事项**
实训流程	5分钟	1．以6人为一组； 2．确定主持人和记录员	小组分组可以采取抽签的方式进行
	15分钟	搜集当地政府及学校的"双创"扶持政策。途径有以下几种： （1）中国政府网的"大众创业 万众创新 政策汇集发布解读平台"； （2）全国大学生创业服务网； （3）国家创新创业政策信息服务网； （4）当地政府官方网站、学校官方网站、学校就业指导部门、创新创业学院、科研处相关文件通知。关注创新创业相关赛事。记录下来，梳理思路和结果	1．组与组之间不进行任何形式的交流； 2．讨论时注意倾听和思考他人的看法
	10分钟	1．小组汇报各自讨论的结果，分享活动感受； 2．教师针对各组分享的内容进行总结点评，使学生更好地了解政策信息，积极实训。明确政策的出处、范围、有效期等信息，避免学生错误解读	
实训总结	**教师点评内容**		
	学生实训心得		

单元三　训练创新能力

03

🔧 学习目标

通过本单元的学习，学生应能够：

◆ 了解创新方法的意义及种类；

◆ 理解创新方法的作用；

◆ 掌握创新方法的使用技巧并学以致用。

🔧 知识导图

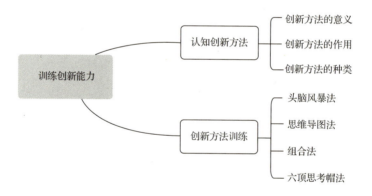

🔧 单元引例

"中国制造"和"中国设计"——设计创新赋能制造业转型升级

第134届中国进出口商品交易会（简称"广交会"）于2023年10月15日至11月4日在广州举办。在本届"广交会"上，不少企业推出了具有创新设计的产品，吸引了海内外客商的关注。在本届"广交会"上，创意十足的、新奇独特的产品备受青睐。可以脚踩充电的电子体重秤，踩踏产生的动能就能转化成电能。这款不用电池的体重秤不仅绿色环保，还能节省电池的开支。

设计创新奖设立10年，鼓励产品创新。自2013年起，"广交会"每年举办一次出口产品设计类评选赛，挑选出兼具商业及设计价值的"中国制造"。2023年刚好是设计创新奖设立的第10年。10年前，"广交会"交易的都是货物、产品，设立设计创新奖就是为了鼓励大家走创新发展之路。

产品花样多，设计展位备受关注。很多展商表示，以前外国公司直接来拿货，或者拿着图纸来找中国工厂生产，但现在他们更多会来采购中国的创意和设计。如便携式榨汁水壶，能抽真空的适合户外露营用，把手可拆卸的适合旅行用，还有的采用了可再生材料制造。曾经，水壶只是承载简单的装水功能，而现在融合了榨汁、保鲜、便携等多种功能。同时，这些设计也在传递低碳环保的理念。以前"中国制造"物美价廉，现在"中国设计"好看实用。

工业设计助推制造业发展。同时，设计又能反过来助推上下游产业链创新，每个创新性的产品都需要上下游企业的共同努力和技术创新。中国的工业设计从服务制造业到引领创新，与制造业共同发展，也让中国制造业加快转型升级。

中国作为全球最大的生产基地，相配套的工业设计产业也在迅速发展。来到"广交会"的采购商不仅认可"中国制造"，还越来越认可"中国设计"。

任务一　认知创新方法

创新能力不仅是个人发展的必要条件，还是社会进步的动力。创新能力的培养是创新的重要条件。提高创新能力需要掌握实用的创新方法。大学生的创新意识和创新能力可以通过循序渐进的培养和分阶段的训练形成。创新方法可以启发人的创新思维，产生创新成果。因此，掌握创新方法非常重要。

一、创新方法的意义

黑格尔说过："方法是任何事物所不能抗拒的、最高的、无限的力量。"而我国民间也流传着这样一句谚语，"授人以鱼，不如授人以渔。"创新是有规律可循、有步骤可依、有技巧可用、有方法可行的。

创新方法也称为创新技法，是指根据创新思维的发展规律总结出来的原理、技巧和方法。创新方法同时也可以启发人的创新思维，可以更好地拓展我们的思路，开发我们的智力，启迪我们的智慧，帮助我们实现创新的目的。在日常的生活、学习、工作中，人们进行了大量的创新活动。每个人都具有创新的潜力，然而仅有创新的潜力、创新的意识，没有创新的方法，创新就永远只能停留在"点子"阶段。好的创意出现后，需要以某种方法或技巧为先导，经过反复的实践和探索，才能取得创新的成功。因此，那些平凡而伟大的发明家、创新者最大的创新不仅仅是其发明成果，更重要的是实现创新方法。

二、创新方法的作用

创新方法的作用主要体现在以下方面。

（一）有利于创新思维模式的形成

惯性思维是影响创新能力的关键因素，常常将人们的思维方式局限在已知的、常规的解决方案上，从而阻碍新方案的产生。掌握创新的方法，依托逆向思维、发散思维、联想思维等创新思维的特征和规律，不再简单地重复惯性思维，而是学会用"新的眼光"去发现问题和提出问题，打破固有的思维模式，敢于否定、质疑和超越常规地去思考、去实践，走出思维误区，养成创新思维。

（二）有利于有序地进行实践

创新方法就是解决发明创新问题的基本方法。相同的发明创新问题以及为了解决这些问题所使用的创新原理与方法，在不同时期、不同领域里反复出现，会形成一定的规律和技巧。通过学习创新的方法，人们可以科学地运用创新方法中众多实用和适用的创新原理，在实际工作中实现创新，少走弯路，尽快、尽早地剔除那些复杂而效率不高的解决方案，找出更高效的解决方案，从而使创新更具方向性、有序性和可操作性。

（三）有利于简单有效地解决问题

人类在征服自然、改造自然的过程中遵循着一定的客观规律，创新方法就是对人类解决问题、实现创新的共性方法的高度总结和概括，运用创新方法可以使解决问题的方案更加可行、更加合理、更加严密。尽管古人在根本不懂创新方法学的情况下，也做了许多发明创新，但是他们在"无意中"实践了这些客观规律，运用了这些创新原理。

三、创新方法的种类

北宋文学家欧阳修有句名言："任其事必图其效，欲责其效，必尽其方。"这句话的意思是，担任这一工作，必定要考虑工作的成效，想要求得工作的成效，尽可能采用好的方式、方法。每个人都应该掌握创新的方法，有意识地用创新思维去指导日常工作。下面介绍几种有代表性的创新方法。

（一）头脑风暴法

头脑风暴法是一种激发创造能力的集体训练法，指一群人在一起围绕着一个话题进行思考和讨论，在讨论的过程中，没有规则约束，不进行批评，集思广益，使观点与观点相互碰撞、相互启发，在观点上建立新观点，促成新观点、好办法的产生。

（二）思维导图法

思维导图又名心智导图，是一种将思维形象化的方法。思维导图运用图文并重的技巧，使用一个中央关键词或想法，以辐射线形连接所有的关联项目的图解，把各级主题的关系用相互隶属与相关的层级图表现出来，如同大脑中的神经元一样互相连接。

（三）组合法

组合法是利用创新思维，将现有的科学技术原理或方法、现象、物品进行适当的组合或重新安排，产生一个新的事物，使其在性能和服务功能等方面发生变化，产生具有新功能的新产品、新工艺、新材料的创新方法。

（四）六顶思考帽法

六顶思考帽法是指戴着六顶思考帽思考问题，而这六种不同颜色的帽子则代表六种不同的思维模式或思考角度。它为人们建立一个全面思考问题的框架，使人们可以依次对问题的不同侧面给予足够的重视和考虑。

任务二　创新方法训练

著名导演赖声川说："创新创意是可以'练'的！"这句话颠覆了人们普遍的想法。创新创意是可以习得的，也就是说，我们可以通过一些技巧和练习，培养出创新方法。日常生活中，我们可以主动使用创新方法，多想、多练，在学习和工作中加以运用，以激发创新意识，提高创新能力。

案例分享

脑洞大开的"扫雪机"

某国北方的雨雪天气常常会导致电缆上积满冰雪，有时大跨度的电缆会被积雪压断，严重影响通信。该国电信公司的经理运用头脑风暴法，尝试解决这一难题。参加会议的各专业技术人员热烈地讨论起来。有人提出设计一种专用的电缆清雪机；有人想到用电热来化解冰雪；也有人建议用振荡技术来清除积雪；还有人提出能否带上几把大扫帚，乘坐直升机去扫电缆上的积雪。对于这种"坐飞机扫雪"的设想，大家心里虽然觉得滑稽可笑，但在会上无人提出批评。相反，有一位工程师听到坐飞机扫雪的想法后，突然受到启发，他想，出动直升机沿积雪严重的电缆飞行，依靠高速旋转的螺旋桨即可将电缆上的积雪迅速扇落。他马上提出"用直升机扇雪"的新设想，顿时引起其他与会者的联想，有关用直升机除雪的主意又扩展了七八条。不到一小时，与会的10名技术人员共提出90多条新设想。会后，公司组织专家对设想进行分类论证。专家们认为采用电热或电磁振荡等方法设计专用清雪机，成本高且周期长，而用直升机扇雪既简单又省钱，之后通过现场试验，发现该设想真能奏效，一个久悬未决的难题终于在头脑风暴会中得到了巧妙解决。

一、头脑风暴法

（一）头脑风暴法的内涵

头脑风暴法又称脑力激荡法、智力激励法、BS法、自由思考法，是一种鼓励思维自由发散，从而快速产生针对某一问题的各种不同处理设想的思考方法，如图3-1所示。头脑风暴法在我们的学习实践中使用较为普遍，可以被个人使用，也可以被团队使用。头脑风暴法在群体中执行得最好，核心是"激智"和"集智"。"激智"就是把大家潜在的智慧激发出来，"集智"就是把大家的智慧集中起来。头脑风暴法适合解决单一的开放问题，例如讨论产品创意、宣传口号、市场方案等。对于复杂的问题，可以将其分解成若干小问题，逐个解决。

图3-1　头脑风暴法

（二）头脑风暴法的特点

1. 自由畅想

参与者不受任何条条框框的限制，让思维自由驰骋，大胆想象。参与者要敢于标新立异，从不同角度、不同方位、不同层面进行思考，提出独特的、有创造性的想法。

2. 充分交流

参与者要勇于展示自己的思路或想法，敢于接触其他有创意的思路，碰撞出火花。另外，进行个人头脑风暴或集体头脑风暴的时间要充足，但不能无限制地延长。在有限的时间内，充分交流，激情碰撞，使创意思维的量和质得到保障。

3. 延迟评判

在头脑风暴法的操作中，任何人都不能肯定或否定某个设想，以及发表评论性的意见，一切评判都延迟到头脑风暴会结束后进行。因为即时评判会打断或约束参与者的积极思维，破坏参与者自由畅想的和谐氛围。延迟评判的目的是保护参与者的思维积极性。

此外，头脑风暴法还具有以下几个优点。

（1）极易操作执行，具有很强的实用价值。

（2）非常具体地体现了集思广益，体现了团队合作的智慧。

（3）每个人的思维都能得到最大限度的开拓，能有效地开阔思路，激发灵感。

（4）在最短的时间内可以批量产生灵感，会有大量意想不到的收获。

（5）面对任何难题，举重若轻。熟练掌握头脑风暴法的人，再也不必一人冥思苦想、孤独求索了。

（6）可以有效地锻炼个人及团队的创新思维能力。

（7）使参与者更加自信，因为他会发现自己居然如此有创意。

（8）使参与者更加有责任心，因为人们一般乐意对自己的主张承担责任；可以发现并培养思路开阔、有创造力的人才。

（9）创造良好的平台，提供能激发灵感、开阔思路的环境。

（10）创造良好的沟通氛围，有利于增加团队凝聚力、增强团队精神。

（11）可以提高工作效率，有助于更快、更高效地解决问题。

（三）头脑风暴法的应用

1. 确定主题

确定主题，即确定讨论的议题。需要注意的是，头脑风暴法的主题要明确，以达到让参与者能够快速理解的效果。

2. 确定人员

确定人员，即确定参与讨论的人数。通常人数控制在5～10人，人数过多，就不能确保在有限的时间内展开充分的交流和讨论，对头脑风暴的效果会产生不利影响。同时，需要确定讨论的主持人。主持人承担讨论的引导、进度的把握和结果的总结等任务。小组的组长可以担任讨论的主持人，不断变换角度，多层次地引导组员进行充分讨论。

3. 自由畅想

自由畅想，即针对讨论的主题，每位成员在没有任何约束的前提下，自由发散思维，充分展开讨论。自由畅想包括暖场和讨论两个环节。

（1）暖场：不要一开始就让大家开始讨论。这时参与者还未进入状态，讨论的效果不会很好，气氛也不会很恰当。因此先要暖场，说一些轻松的话题，让彼此之间有些交流沟通，不会显得生疏。例如，辅导员在班会开始时，先表达对学生的关心和期望，以拉近彼此的距离，从而让班级学生更好地投入班会会议中，这就是暖场的效果。暖场完毕后，主持人需要向参与者说明讨论的主题。需要注意的是，暖场时间不要过长，以简洁为主。因为过多的描述在一定程度上会干扰大脑的思考。

（2）讨论：参与人员围绕讨论的主题开始自由畅想、自由表达。讨论时需要注意以下几点。其一，每位发言人员不能评论他人的发言，发言尽量简短；发言时，不允许私下交流，除非是发言内容晦涩难懂，否则无须解释说明。其二，主持人需要把握讨论的气氛，保证参与者以一种自由的状态参与讨论；同时，主持人还要把握讨论的方向，避免讨论的方向过于狭窄或出现偏差，确保讨论能够更加充分地展开。

（3）在讨论的过程中，主持人需要及时、准确地记录参与者的意见。

4. 意见整理

主持人在头脑风暴结束后，需要对记录的意见进行整理，并形成合理的解决措施。具体如下。

（1）对记录的观点（意见）进行分类，将相近的观点（意见）合并。

（2）针对合并后的观点（意见）进行评价、分析，从而确定合理的问题解决措施。例如，召开春游活动的班级讨论会，班长在会后将记录的春游时间、地点、内容、费用、交通等方面的意见进行合并整理，最终形成具有可行性的春游计划。

（四）头脑风暴法的应用原则

1. 自由畅想原则

欢迎大家各抒己见，创造一种自由、活跃的气氛，使参与者思想放松，鼓励参与者提出各种想法。这是头脑风暴法的关键。

2. 延迟评判原则

在发表个人意见的过程中禁止他人批评和评论。对各种意见、方案的评判必须放到最后阶段，此前不能对他人的意见提出批评和评价。认真对待任何一种设想，无论其是否适当和可行。

3. 以量求质原则

为了获得更多的灵感，任何一种构思都会被接纳。意见、方案越多，产生好意见、好方案的可能性越大，这是获得高质量创造性设想的前提条件。

4. 综合改善原则

探索取长补短和改进的办法。除提出自己的意见外，还可以对他人已经提出的设想进行补充、改进和综合，强调相互启发、相互补充和相互完善。这是头脑风暴法成功的关键。

5. 突出求异原则

突出求异原则是头脑风暴法的宗旨。头脑风暴法追求通过思维激励产生更多的新奇想法。不必顾虑想法是否离经叛道或荒唐可笑，欢迎表达自由奔放、异想天开的想法。

二、思维导图法

（一）思维导图法的内涵

思维导图又叫心智图，是表达放射性思维的有效图形思维工具。其实质是思维可视化工具，把知识点之间的关联和逻辑梳理清楚，帮助记忆。思维导图法借助图形、文字和线性连接来创造性地发散思维，注重图文结合，强调放射性思考，帮助人们由点及面、举一反三，能大幅增强记忆力、组织力与创造力，能让人们的思维活动更为轻松有趣，是一种广泛应用的思维模式。

（二）思维导图法的作用

思维导图法的作用主要体现在以下3个方面。

（1）思维导图能够帮助我们有效提高记忆，是一种重要的提高学习效率的工具。

（2）思维导图可以很好地开发我们的思维潜力，提高大脑的创新力。

（3）思维导图具有很好的分析、归纳、总结作用。

（三）思维导图法的应用

1. 绘制思维导图的步骤

绘制思维导图可以按照以下7个步骤进行。

（1）从一张白纸（一般是A4纸）的中心开始绘制，周围留出空白。

（2）用一幅图像或图画表达绘制者所要表达的中心思想。

（3）在绘制过程中使用颜色。

（4）将中心图像和主要分支连接起来，然后把主要分支和二级分支连接起来，再把三级分支和二级分支连接起来，依次类推。

（5）让思维导图的分支自然弯曲而不是像一条直线。

（6）在每条线上使用一个关键词。

（7）自始至终使用图形。

2. 绘制思维导图的技巧

就像画画需要技巧一样，绘制思维导图也有一些独特的技巧要求。下面所列出的只是最基本的几点技巧。

（1）把纸横过来放，这样宽度比较大。在纸的中心，画出能够代表绘制者心目中主体形象的图像，再用水彩笔任意画出思路。

（2）绘制时，应先从图形中心开始，画一些向四周放射出来的粗线条。每一条线都使用不同的颜色。这些分支代表绘制者的主要思想。在绘制思维导图时，绘制者可以添加无数线条。在每一个分支上，用大号的字清楚地标上关键词，这样，当绘制者想到这个概念时，这些关键词立刻就会从大脑里跳出来。

（3）要善于运用自己的想象力来改进思维导图。例如，可以利用想象，使用图画和图形来改进思维导图。"一幅图顶一千个词语"，图能够让绘制者节省大量的时间和精力。在每一个关键词旁边，画一个能够代表它、解释它的图形。

（4）用联想来扩展思维导图。对于绝大部分人来讲，每一个关键词都会让他想到更多的词。例如，假如他写下了"橘子"这个词，他就会想到颜色、果汁、维生素C等词。根据他联想到的事物，从每一个关键词上发散出更多的连线。连线的数量取决于他所想到的事物的数量。

图3-2所示为曹冲称象的思维导图示例。

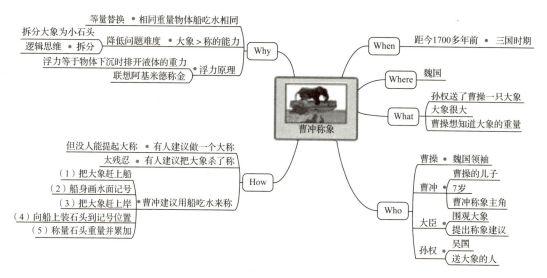

图3-2 曹冲称象的思维导图示例

（四）运用思维导图法的注意事项

为了更好地提高使用思维导图法的效率，下面从实践的角度列举使用过程中的一些经验和建议。

1. 突出重点

突出重点是改善记忆力和提高创造力的重要因素之一。要想在思维导图中适度且有效地突出重点，就要遵循以下规则。

（1）图像可以自动地吸引眼睛和大脑的注意力，因此一定要用中心图像，并且整个思维导图主要用图像来表现。

（2）色彩会增强记忆力和创造力，因此图像上要用3种或者更多的颜色。

（3）图像和词汇的周围要有层次感。只要有可能，就应该在思维导图中使用一些有关视觉、听觉、嗅觉、味觉、触觉和动觉的词或图像。

（4）如果增加一些有动感的符号，字体、线条和图像的大小多一些变化，间隔有序，就更好了。

2. 发挥联想

联想是改善记忆力和创造力的另一个重要因素。它是大脑使用的另一个整合工具，目的是让我们的生理体验产生意义，这是人脑记忆和理解的关键。联想可以让大脑进入任何话题的深层次。具体来说，我们在绘制思维导图时，在分支模式内外连接处用箭头表示，使用各种色彩和代码。

3. 清晰明白

无论我们做什么事情，都要清晰明白，模糊不清会妨碍感知。要明确每条线只写一个关键词，用印刷体写字容易让大脑拍照记忆。线条方面要突出重点，中央线条加粗，将分支设计成不同形状加以区别，关键词本身的线条长度尽量要保持一致且线条之间要连上。清晰明白的思维导图看起来更顺眼，也更吸引人。笔直横向的思维导图能带给我们更多的自由和空间，也更容易让大脑记忆图中的内容。

4. 检查

检查思维导图中是否有遗漏之处需要补充，这是记忆的过程，也是总结创新的过程。

三、组合法

（一）组合法的内涵

组合法是指把已成熟的技术合理组合，创造新系统，从而获得具有统一整体功能的新技术、新产品、新形象的创造技法。组合法的优点是经济有效，形式多样，应用广泛，符合市场需求。组合法使不同的技术领域相互转移渗透并形成交叉的边缘学科。

（二）组合法的应用

组合法是在整体目标下利用现有的技术成果，往往并不十分需要建立高深的理论基础和开发非常专门的技术，所以创新者可以在并不很好的知识水准上从事技术水准较高的创新。组合法在生活中随时可用，目前发明创造成果70%以上来自此法。

1. 组合法的实施步骤

组合法的实施步骤如下：组织者把各方面的技术专家组合在一起，共同分析市场需求；将两个以上的技术因素组合起来，得到有创新性的技术产物。

2. 组合法的技术因素

组合法的技术因素包括相对独立的技术原理、技术手段、控制方式、工艺方法、材料、动力等。

3. 组合法的类别

（1）材料组合。材料组合是利用各种化学、物理原理，将不同的材料组合起来，从而获得新材料的方法。组合成的新材料较原材料表现出强度大、重量轻、成本低等诸多方面的优异特性。从各种家居装修中的铝合金门窗到航空航天中的特殊合金材料等，各种材料组合的现象无处不在。

（2）原理组合。将两种以上的技术原理组合成复合的技术系统，如喷气原理与燃气轮机技术结合，产生了喷气式发动机。

（3）功能组合。将具有不同功能的技术手段或产品组合到一起，形成多功能的技术系统，如瑞士军刀（见图3-3）。

（4）模块组合。把产品看成若干通用模块的有机组合，根据市场需求选择不同的模块加以组合，得到不同的设计方案，如多功能组合凳子（见图3-4）。

图3-3　瑞士军刀

图3-4　多功能组合凳子

4. 运用组合法的注意事项

（1）选择组合要素的量要适度。要素越多，虽然组合的可能越多、越全面，但相应也会耗费过多的精力和时间，使问题变得更为复杂。

（2）组合可以使产品具有不同的功能，成为多功能、通用型产品，但过分追求"万能"也不可取，否则会出现成本增加、制造困难、功能多余等弊端。

（3）参与组合的各要素越是风马牛不相及，由它们形成的新产品创造性就越强。

四、六顶思考帽法

（一）六顶思考帽的内涵

六顶思考帽提供了"平行思维"的工具，避免将时间浪费在互相争执上，强调的是"能够成为什么"，而非"本身是什么"，以向前发展为目的而不是争论谁对谁错。运用六顶思考帽法将会使混乱的思考变得更清晰，使团体中无意义的争论变成集思广益的创造，使每个人变得富有创造性。

（二）六顶思考帽的思维模式

六顶思考帽是指使用六种不同颜色的帽子代表六种不同的思维模式或思考角度，每一种颜色对应一种思维模式，如图3-5所示。六顶思考帽是一个操作简单、经过反复验证的思维工具，能够帮助人们提出建设性的意见，聆听他人的观点，从不同角度思考同一个问题，从而创造高效能的解决方案。这种独特的思考方法在政府、企业和个人的决策方面得到了广泛且成功的应用。

白色思考帽，寓意中立与客观，关注客观的事实和数据。

黄色思考帽，寓意积极与正面，表达乐观的、满怀希望的、有建设性的观点。

黑色思考帽，寓意谨慎与负面，从否定、怀疑、质疑的角度，找出逻辑上的错误。

蓝色思考帽，寓意冷静与归纳，控制思考帽的使用顺序，管理思考过程，并做出结论。

图3-5　六顶思考帽

红色思考帽，寓意直觉与情感，表达情绪、直觉、感受、预感等方面的看法。

绿色思考帽，寓意创意与巧思，寓意创造力和想象力，有头脑风暴、求异思维等功能。

（三）六顶思考帽的应用

（1）只有戴蓝色帽子的主持人可以决定他人使用什么颜色的思考帽，其他成员不允许随意更改思考帽，以免引起争论。

（2）六顶思考帽不是对思考者的分类，而是对思考方式的分类。

（3）每个参与者都应该会使用所有的帽子。

（4）在使用六顶帽子时，不能提及它们的功能。

（5）每顶帽子都有限定的时间，不能无限制地使用。

（6）帽子可以单独使用，也可以系统地使用、多次使用。

（四）六顶思考帽的用法

六顶思考帽有两种用法：偶尔使用和系统地使用。

（1）偶尔使用：这是最普遍的用法。人们可能偶尔使用一顶或两顶帽子。在会议上或对话中，可能有人在中途提议使用某顶帽子，引入的帽子只使用两三分钟，之后会议和对话继续进行。通过偶尔使用思考帽，人们可以提出进行某种思考或者转换思考类型的要求，六顶思考帽为人们提供了转换思考角度的途径。每种颜色的帽子可以单独或结合使用。

（2）系统地使用：在系统地使用思考帽时，帽子的顺序非常重要，一般是先确定帽子的使用顺序，然后按照这个顺序逐一使用帽子。当需要快速有效地考察事物时，思考者就应该系统地使用思考帽。使用帽子的顺序并不是唯一的，因为使用顺序因情况的不同而不同。帽子的使用顺序可以自由设置，但同时也要遵循一些规则和指导原则。具体如下。

① 每顶帽子的使用次数不限。

② 一般来说，最好在使用黑色帽子之前使用黄色帽子，因为人们很难在批判一个事物后再去积极地看待它。

③ 黑色帽子有两种用途：第一种用途是指出一个事物的缺陷，然后再运用绿色帽子来克服这些缺陷；第二种用途是进行评估。

④ 黑色帽子总是用来对事物进行最后的评估。在评估之后，一般运用红色思考帽，以便确

定人们对被评估的事物的感觉。

⑤ 如果人们对某个事物有着强烈的感觉，那么最好先使用红色帽子，以便把这些感觉公开地表达出来。

⑥ 如果没有强烈的感觉，最好先使用白色帽子以搜集信息。用完白色帽子之后，再使用绿色帽子提出可能的方案，然后分别使用黄色帽子和黑色帽子逐一评估这些方案。也可以选择其中一个方案，分别用黄色帽子和黑色帽子进行评估，最后再用红色帽子来看看自己的感觉。

⑦ 在两种情况下，帽子的使用顺序有所区别，按照寻找主意和对给定的主意做出反应区分，帽子的使用顺序有以下2种。

在寻找一个主意时，帽子的使用顺序可以如下。

白色帽子：搜集可获得的信息。

绿色帽子：做进一步的考察，并提出各种可能的方案。

黄色帽子：逐一评估每个方案的好处和优点。

黑色帽子：逐一评估每个方案的缺陷和危险。

绿色帽子：将最可行的方案做进一步的发展，然后做出选择。

蓝色帽子：总结和评价目前的思考进展。

黑色帽子：对被选择出来的方案做出最后的评判。

红色帽子：表达对最终结果的感觉。

在对给定的主意做出反应时，思考帽的使用顺序会有不同，因为主意已经给定，而且其背景信息通常是已知的，此时帽子的使用顺序具体如下。

红色帽子：找出对给定主意的已有感觉。

黄色帽子：努力找出这个主意的好处和优点。

黑色帽子：指出这个主意存在的缺陷和危险。

绿色帽子：看看能不能改进这个主意，从而增强黄色帽子提出的优点，并克服黑色帽子提出的缺点。

白色帽子：看看可获得的信息是否有助于改进主意，使之更容易被接受（如果红色帽子反对这个主意）。

绿色帽子：对最后的建议做进一步的拓展。

黑色帽子：对最后的建议做最后的评判。

红色帽子：表达对最终结果的感觉。

在思考过程中，通常会使用六项思考帽中的一项，这是偶尔使用。在系统地使用中，可以先确定帽子的使用顺序以指导思考。有一些指导原则可以帮助安排帽子的使用顺序。对六项思考帽理解的最大误区就是仅仅把思维分成六个不同颜色，但其实六项思考帽的应用关键在于使用者以何种方式排列帽子的顺序，也就是组织思考的流程。只有掌握了组织思考的流程，才能说是真正掌握了六项思考帽的应用方法，不然人们往往会感觉这个工具并不实用。

实训任务

任务一

实训主题	训练创新能力——头脑风暴法
实训内容	使用头脑风暴法设计一种适宜在校园内使用的理想化交通工具

实训流程	时间（30分钟）	要求	注意事项
	5分钟	1. 以6人为一组； 2. 确定主持人和记录员	小组分组可以采取抽签的方式进行
	15分钟	以适宜校园内使用的理想化交通工具为研究对象，组织头脑风暴会议。将会议上产生的所有设想都记录下来，梳理思路和结果	1. 组与组之间不进行任何形式的交流； 2. 讨论时注意倾听和思考他人的看法
	10分钟	1. 小组汇报各自讨论的结果，分享活动感受； 2. 教师针对各组分享的内容进行总结点评，使学生更好地掌握头脑风暴法的应用	

实训总结	教师点评内容
	学生实训心得

任务二

实训主题	训练创新能力——思维导图法		
实训内容	使用头脑风暴法设计一项适宜的集体宿舍管理制度		
实训流程	**时间（30分钟）**	**要求**	**注意事项**
	5分钟	1．以6人为一组； 2．确定主持人和记录员	小组分组可以采取抽签的方式进行
	15分钟	以集体宿舍管理制度为研究对象，用思维导图绘制结构图。设计主要分支和二级、三级分支，依次类推，最后连接起来。在绘制过程中线条尽量使用多种颜色，要善于运用想象力	1．组与组之间不进行任何形式的交流； 2．讨论时注意倾听和思考他人的看法
	10分钟	1．小组汇报各自讨论的结果，分享活动感受； 2．教师针对各组分享的内容进行总结点评，使学生更好地掌握思维导图法的应用	

教师点评内容

实训总结

学生实训心得

任务三

实训主题	训练创新能力——组合法		
实训内容	使用组合法构思一款适用于学习或办公情境的智能App功能框架		
实训流程	**时间（30分钟）**	**要求**	**注意事项**
	5分钟	1. 以6人为一组； 2. 确定主持人和记录员	小组分组可以采取抽签的方式进行
	15分钟	以常见的智能办公或学习用App为研究对象，思考其改进和优化的方向，明确团队构思的App及其使用功能，小组讨论并完成App功能框架的构思	1. 组与组之间不进行任何形式的交流； 2. 讨论时注意倾听和思考他人的看法
	10分钟	1. 小组汇报各自讨论的结果，分享活动感受； 2. 教师针对各组分享的内容进行总结点评，使学生更好地掌握组合法的应用	
实训总结	**教师点评内容**		
	学生实训心得		

单元四 转化创新成果

学习目标

通过本单元的学习，学生应能够：

◆ 了解知识产权的概念、特点、主要类型，掌握著作权、商标权、专利权取得的途径和方法；

◆ 了解创新成果转化的模式；

◆ 熟悉专利申请流程，深入理解创新成果保护的重要性。

知识导图

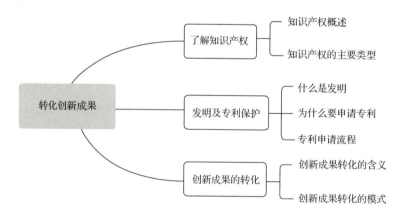

单元引例

"冰墩墩"的知识产权侵权问题

2022年北京冬季奥林匹克运动会（以下简称北京冬奥会）吉祥物之一的"冰墩墩"在北京冬奥会闭幕后依然余热不散，北京冬奥会官方旗舰店的"冰墩墩"没过多久便抢购一空。在官方"冰墩墩""一墩难求"的情况下，网友们开始纷纷要求用另一种形式实现"一户一墩"，这也成了当时的"网红"热词。为了回应网友的需求，面塑、橘皮、汤圆、堆雪……各种冰墩墩DIY爱好者纷纷大展身手，一时间掀起了"自制冰墩墩"的热潮。

"冰墩墩"的形象不是一蹴而就的，其是由广州美术学院的团队（供14人）设计的，创作和修改的过程将近十个月，每天一次次地修改讨论，画出的手稿总共有上万幅，由于"冰墩墩"的原型是我国国宝大熊猫，该团队还专门飞往四川实地考察以完善设计细节，最终，以大熊猫为参考的"冰墩墩"形象从来自35个国家的近六千幅作品中胜出，为北京冬奥会所采用。北京冬奥组委对"冰墩墩"的知识产权保护十分重视，"冰墩墩"是北京冬奥会的重要财产，因而对于"冰墩墩"的知识产权保护进行了著作权、注册商标专用权以及外观设计专利权的全方位保护。

未经授权擅自生产、销售"冰墩墩"是违反著作权法的规定的，"冰墩墩"复制权和发行权均受到了侵犯。许多网友为了实现"一户一墩"的心愿，纷纷晒出了"冰墩墩自由DIY"的教程与成品，包括堆雪、剪纸、汤圆、花馍、橘皮等各种版本的冰墩墩，这类DIY"冰墩墩"是否会构成侵权呢？答案是否定的，理由在于这些作品的目的是个人欣赏，根据《著作权法》第二十四条关于合理使用制度的规定，为个人学习、研究或者欣赏，使用他人已经发表的作品的，属于合理使用。但是，上述DIY"冰墩墩"如果被用于商业目的，也就是用于赠与、售卖的话就不属于合理使用的范畴了。

"实现高水平科技自立自强，进入创新型国家前列"被纳入2035年我国发展的总体目标。我国实施创新驱动发展战略，是应对发展环境变化、把握发展自主权、提高综合国力和核心竞争力的必然选择，是加快转变经济发展方式、破解经济发展深层次矛盾和问题的必然要求和战略举措。

创新的最终目标之一是将创新成果商业化，以便更好地推动经济的发展。前面章节提到的各种创新方法，其实都应称为创造方法、发明方法或者产生创新设想的方法，还不属于严格意义上的创新方法，因为都没有涉及如何完成创新的全过程。前面提到的创新实际是广义的创新，是与创造和发明类似的概念。为此，有必要强调创新的全过程，即从产生创新设想，到将创新变为可生产和销售的产品，最终通过市场实现商业利润，这样才算真正实现了创新。

从一个创新设想出发完成真正的创新，需要走很长的路。从技术上说，产生的新设想往往只是可行技术，并不一定是成熟技术，因此要对新设想进行模拟、实际生产、销售和使用进行验证，这就是从研发到开发的过程。通过进行中间实验、市场试销、寻找及检验商业模式、解决一系列技术与商业关系上的问题等，不断使技术走向成熟。从市场角度，要为技术申请专利保护，还需要进行专利规避，同时还要设计商业模式，寻找风险投资，开办企业，或者与原有企业联合进行开发与生产，使创新与创业有机地结合在一起。

任务一 了解知识产权

一、知识产权概述

世界知识产权组织发布的《2022年全球创新指数报告》显示，中国排名继续上升，位列第

11名，位居中等收入经济体之首，成为世界上进步最快的国家之一。正如世界知识产权组织总干事邓鸿森所说，中国加强知识产权体系建设取得的成就有目共睹。

2021年9月国家印发《知识产权强国建设纲要（2021—2035年）》，专门将"建设促进知识产权高质量发展的人文社会环境"作为重点任务之一，提出了到2035年"全社会知识产权文化自觉基本形成"的发展目标。2021年10月，国务院印发《"十四五"国家知识产权保护和运用规划》，专门将"推进知识产权人才和文化建设，夯实事业发展基础"作为重点任务之一进行安排。

近年来，我国将知识产权专业列入《普通高等学校本科专业目录》，50余所高校建立知识产权学院，上百所高校开设知识产权专业。知识产权人才是发展知识产权事业和建设知识产权强国最基础、最核心、最关键的要素。因此，新时代的大学生需要熟知知识产权相关制度。

（一）知识产权的概念

知识产权是指生产与工业、科学、文化及艺术领域智力活动的法律权利。通俗一点来说，知识产权与我们每个人息息相关，只要我们创造出的智力成果符合法律的相关规定，进行相关的申请或登记手续，我们就对这些创新成果享有专有权利，这就是所谓的"知识产权"。举个例子，李同学爱好写作，在网上发表了他新创作的一部武侠小说，那么李同学对他的小说享有著作权，任何出版社想要将他的小说进行出版，必须得到李同学的授权，这就是李同学对他的小说享有的专有权，也是知识产权当中的一种重要的权利——著作权。

从范围来看，知识产权有广义和狭义之分。

广义的知识产权包括专利权、著作权及其邻接权、商标权、商号权、商业秘密权、地理标志权、集成电路布图设计权等权利。

狭义的知识产权分为两类：一类是著作权，包括著作权及与著作权有关的邻接权；另一类是工业产权，主要是专利权和商标权。

（二）知识产权的特点

1. 专有性

（1）知识产权的专有性特征主要表现在两个方面：一是知识产权为权利人所独占，没有法律规定或未经权利人许可，任何人不得使用知识产品；二是对同一件知识产品，不允许有两个或两个以上同一属性的知识产权并存。

（2）知识产权与物权所有权的专有性的区别主要表现在两个方面。一是排他性表现不同。物权所有权的排他性表现为所有人排斥非所有人对其所有物进行不法侵占、妨害或毁损，知识产权的排他性则主要是排斥非专有人对知识产品进行不法仿制、假冒或剽窃。二是物权所有权的独占性更强。知识产权的独占性则是相对的，往往要受到权能方面的限制。

2. 地域性

按照一国法律获得承认和保护的知识产权，只能在该国发生法律效力。

国民待遇原则是对知识产权地域性特点的重要补充，使得一国承认或授予的知识产权，根据国际公约在缔约国发生域外效力成为可能。但是，知识产权的地域性并没有被改变，是否授予权利、如何保护权利，仍由各缔约国按照其国内法来决定。

3. 时间性

知识产权仅在法律规定的期限内受到保护，一旦超过法律规定的有效期限，这一权利就自行消灭，知识产品即成为整个社会的共同财富，为全人类所共同使用。

拓展阅读

讲好中国知识产权故事

讲好中国知识产权事业发展壮大的故事。新中国成立之初，我国就对发明权专利权、商标等制度进行了初步探索。改革开放以来，我国知识产权工作走上规范化轨道。进入新时代，党中央把知识产权保护工作摆在更加突出的位置。在立法方面，通过编纂《民法典》为保护知识产权提供基础性法律依据，修改专利法、商标法、著作权法等法律，建立知识产权侵权惩罚性赔偿制度，提出加快大数据、人工智能、基因技术等新领域新业态知识产权立法。为了加强顶层设计，更好地发挥知识产权制度的激励功能，我国制定《知识产权强国建设纲要（2021—2035年）》，为知识产权创造和保护营造良好社会环境。2021年，中国申请人通过《专利合作条约》途径提交的国际专利申请达6.95万件，连续第三年位居申请量排行榜首位。中国已成为名副其实的知识产权大国，正在向知识产权强国迈进。在中国知识产权事业发展过程中，有许多精彩故事值得讲。讲好这些故事，有助于国际社会了解我国知识产权事业快速发展的历程，了解保护知识产权对我国激励创新、激活市场发挥的重要作用。

讲好中国平等保护中外权利人合法权益的故事。近年来，我国司法机关受理了不少涉外知识产权案件。在案件审理中，坚持依法审理、公正裁判、平等保护，使中国日益成为国际知识产权诉讼优选地。中国推动构建开放包容、平衡有效的知识产权国际规则。在中国签署的知识产权国际公约《视听表演北京条约》于2020年4月28日生效，为保障各国表演者著作权做出了中国贡献。2021年3月，中欧地理标志协定正式生效实施，许多国家名优农产品被列入受保护地理标志，众多地理标志产品实现高水平互认互保。当前，中国知识产权保护国际影响力显著提升。我们要用更多中国知识产权故事展现中国加强知识产权保护国际合作、提升知识产权保护国际水准的担当作为，让世界各国人民看到中国重视、保护、发展知识产权的良好形象。

讲好中国运用知识产权成果造福各国人民的故事。中国不仅是知识产权发展的受益者，而且积极运用自身知识产权成果推动世界各国共同繁荣发展，提升全球发展的公平性、有效性、协同性，反对搞技术封锁、科技鸿沟、发展脱钩。中国积极推动知识产权国际交流合作，参与雅万高铁、中泰高铁、莫喀高铁等重大国际合作项目建设，努力运用中国高铁技术促进地区联通和社会经济发展。中国企业依靠高端输电技术，为世界绿色能源高效传输作出贡献。随着"一带一路"的"朋友圈"越来越大，中国的知识产权成果越来越多地惠及共建"一带一路"国家和地区的广大民众。我们要把中国运用自身知识产权成果推动国际技术合作的故事讲得更加精彩、生动、鲜活，把陈情和说理结合起来，展现中国为各国人民共享科技发展成果做出的努力，让知识产权的中国声音、中国主张赢得国际社会的更多理解和认同。

二、知识产权的主要类型

（一）著作权

在我国的现行法律制度当中，著作权也称版权，是指作者及其他著作权人对文学、艺术、科学作品依法享有各项专有的人身权和财产权的总称。

1. 著作权的主体与客体

著作权的主体（著作权人）是指依照著作权法，对文学、艺术和科学作品享有著作权的自然人、法人或者其他组织。著作权的客体也称为作品，是指在文学、艺术和科学领域内具有独创性并能以一定形式表现的智力成果。

《著作权法》规定的作品类型有以下几种形式。

（1）文字作品。

（2）口述作品。

（3）音乐、戏剧、曲艺、舞蹈、杂技艺术作品。

（4）美术、建筑作品。

（5）摄影作品。

（6）视听作品。

（7）工程设计图、产品设计图、地图、示意图等图形作品和模型作品。

（8）计算机软件。

（9）符合作品特征的其他智力成果。

2. 著作权的内容

（1）著作人身权。著作人身权又被称为著作权精神权利，是作者对其创作的作品所享有的与其人身不可分割的非财产权利。著作人身权具有无期限性、不可分离性、不具有直接的财产内容等特点。

第一，发表权，即决定作品是否公之于众的权利。发表权是一项著作人身权，但与著作财产权联系紧密。

发表权属于一次性权利，作品一旦发表，作者就不能再行使发表权，他人也不可能侵犯发表权。作者将未发表的美术、摄影作品的原件所有权转让给他人，受让人展览该原件不构成对作者发表权的侵犯。

第二，署名权，即表明作者身份，在作品上署名的权利。对于演绎作品而言，原作品作者也应享有署名权。

第三，修改权，即修改或者授权他人修改作品的权利，行使方式包括自己修改、授权他人修改、禁止他人修改作品等。

在以下情况下，修改权受到一定的限制。报社、期刊社可以对作品作文字性修改、删节，只要不涉及对内容的修改，则无须经过作者许可。

著作权人许可他人将其作品摄制成视听作品，视为已同意对其作品进行必要的改动。

计算机软件的合法复制品所有人有权为了把该软件用于实际的计算机应用环境或者改进其功能、性能而进行必要的修改；但是，除合同另有约定外，未经该软件著作权人许可，不得向任何第三方提供修改后的软件。

第四，保护作品完整权，即保护作品不受歪曲、篡改的权利。对是否损害保护作品完整权的判断，应以所作的修改是否从根本上改变作者的原意及其所表达的思想感情为标准。

作者享有的保护作品完整权也受到一定的限制。例如，著作权人将作品著作权转让或者许可给第三人，受让人或者被许可人根据作品的性质、使用目的、使用方式可以对作品进行合理限度内的改动。

（2）著作财产权。著作财产权又被称为著作权经济权利，是指著作权人依法享有的利用或者许可他人利用其作品并获得报酬的权利。著作财产权有一定的期限限制。

《著作权法》规定的著作财产权主要由如下权利构成。

第一，复制权，即以印刷、复印、拓印、录音、录像、翻录、翻拍、数字化等方式将作品制作一份或者多份的权利。

第二，发行权，即以出售或者赠与方式向公众提供作品的原件或者复制件的权利。

第三，出租权，即有偿许可他人临时使用视听作品、计算机软件的原件或者复制件的权利，计算机软件不是出租的主要标的的除外。

第四，展览权，即公开陈列美术作品、摄影作品的原件或者复制件的权利。

作品原件所有权的转移不改变作品著作权的归属，美术、摄影作品原件的展览权由原件所有人享有。

第五，表演权，即公开表演作品，以及用各种手段公开播送作品的表演的权利。

表演包括现场表演与机械表演。表演权不同于表演者权，表演者权是表演者对其表演所享有的一项邻接权。

第六，放映权，即通过放映机、幻灯机等技术设备公开再现美术、摄影、视听作品等的权利。

第七，广播权，即以有线或者无线方式公开传播或者转播作品，以及通过扩音器或者其他传送符号、声音、图像的类似工具向公众传播广播的作品的权利。

广播权控制的行为包括无线广播、有线转播和公开播放广播。

广播权的调控范围囊括所有以有线或者无线方式非交互式传输作品的行为，广播的时间和地点由广播组织决定，受众不能自行选择获取作品广播的时间和地点。

广播权不同于广播组织权，两者的权利性质、主体不同。

第八，信息网络传播权，即以有线或者无线方式向公众提供，使公众可以在其选定的时间和地点获得作品的权利。

信息网络包括以计算机、电视机、固定电话机和移动电话机等电子设备为终端的计算机互联网、广播电视网、固定通信网和移动通信网等信息网络，以及向公众开放的局域网络。

提供指的是使不特定的公众具有获得作品的可能性，至于公众是否实际获得该作品，在所不问。

以提供网页快照、缩略图等方式实质替代其他网络服务提供者向公众提供相关作品的，构成提供行为，但若不影响相关作品的正常使用，且未不合理损害权利人对该作品的合法权益，则不构成侵犯信息网络传播权的行为。

第九，摄制权，即以摄制视听作品的方法将作品固定在载体上的权利。

第十，改编权，即改变作品，创作出具有独创性的新作品的权利。

作者未经许可在其作品中使用了原作品的表达，但并未形成新作品的，属于复制行为，不受改编权控制。

第十一，翻译权，即将作品从一种语言文字转换成另一种语言文字的权利。翻译作品的著作权一般由译者享有。翻译作品属于双重著作权的作品。

第十二，汇编权，即将作品或者作品的片段通过选择或者编排，汇集成新作品的权利。

著作权人向报纸、期刊等定期出版物投稿，可以认为同时许可报社、期刊社对作品进行汇编。

3. 著作权的取得途径

著作权的取得主要分为自动取得和注册取得两大类。

（1）自动取得。自动取得是指著作权自作品创作完成时自动产生，不需要履行任何批准或登记手续。

（2）注册取得。注册取得是指作品只有登记注册或经批准后才能取得著作权。

在我国，著作权是自作品创作完成之日起自动产生的，无须经过任何批准或登记手续。此外，无论作品是否发表，在其被创作完成的那一刻就能享有著作权保护。

（二）商标权

当在超市、商场，面对那么多商品时，人们是怎么进行选择的？有些人可能会选择自己经常购买的品牌。这个品牌实际就与商标权有关。

1. 商标的定义与特征

（1）商标的定义。商标是一个法律术语，是用以识别和区分商品或服务来源的标志。任何能够将自然人、法人或者其他组织的商品或服务与他人的商品或服务区别开的标志，包括文字、图形、字母、数字、三维标志、颜色组合和声音等，以及上述要素的组合，均可作为商标申请注册。

（2）商标的特征。商标的特征主要体现在以下4个方面：一是商标是依附于商品或服务而存在的标志；二是商标是区别商品或服务来源的标志，区别来源是商标的本质特征；三是商标应当具有显著特征，商标的显著特征是指对于商品或服务来源的区别能力应当突出醒目，便于识别和记忆；四是商标是一种可以为人所感知的符号，由文字、图形、字母、数字、三维标志、颜色组合和声音等，以及上述要素的组合构成。

2. 商标权主体

商标权主体又叫商标权人，是指依法享有商标权的自然人、法人或者其他组织，包括商标权的原始主体和继受主体。商标权的原始主体是指商标注册人，继受主体是指依法通过注册商标的转让或者移转取得商标权的自然人、法人或者其他组织。根据《商标法》的规定，商标权主体包括依法成立的企业、事业单位、社会团体、个体工商户、个人合伙及外国人或外国企业，它们是商标权利的享有者。

3. 商标权客体

根据不同的标准，商标可以分为不同的种类。

（1）按照商标使用载体不同分类。

第一，商品商标。商品商标是指商品生产者在自己生产或经营的商品上使用的商标。

第二，服务商标。服务商标又称服务标记或劳务标志，是指提供服务的经营者为将自己提供的服务与他人提供的服务相区别而使用的标志。

（2）按照商标与使用者的关系及作用不同分类。

第一，集体商标。集体商标是指以团体、协会或者其他组织名义注册，供该组织成员在商事活动中使用，以表明使用者在该组织中的成员资格的标志。

第二，证明商标。证明商标是指由对某种商品或者服务具有监督能力的组织所控制，而由该组织以外的单位或者个人使用于其商品或者服务，用以证明该商品或者服务的原产地、原料、制造方法、质量或者其他特定品质的标志。

4. 商标的注册申请

商标是用来区别一个经营者的品牌或服务和其他经营者的品牌或服务的标记。我国商标法规定，经商标局核准注册的商标，包括商品商标、服务商标和集体商标、证明商标。商标注册人享有商用专用权，受法律保护。

商标注册申请遵循自愿注册原则和诚实信用原则。办理商标注册申请是获准商标注册、取得商标专用权的前提。

（1）申请人主体资格的确认。

第一，自然人、法人或者其他组织都可以向国家知识产权局申请商标注册。

第二，外国人或者外国企业在中国申请商标注册的，应当按其所属国和中国签订的协议或者共同参加的国际条约办理，或者按对等原则办理。

（2）申请注册商品商标或服务商标的途径。

第一，委托国家认可的商标代理机构办理。

第二，申请人直接到商标局的商标注册大厅办理。

第二，网上申请。申请者可登录国家知识产权局商标局中国商标网进行网上申请。

（3）申请注册商品商标或服务商标的程序。

必经程序包括申请、形式审查、实质审查、初审公告、注册5个阶段。

第一阶段：准备好申请文件报送到商标局后，当天就可以取得商标局的报送清单回执，清单回执上面有商标局通过中心的"收讫"章及收文日期，证明商标局已收到相关的申请文件。清单回执一般不能给客户原件，只能给复印件，因为清单回执原件是代理公司用来跟商标局进行帐务对帐用的。

第二阶段：自商标局收到申请文件之日起1—3个月发《受理通知书》，收到《受理通知书》即证明申请文件已通过了商标局的形式审查，进入实质审查阶段。每一个商标申请的受理通知书上都有一个申请号，实质审查必须排号按顺序进行，任何情况下都不能提前。

第三阶段：收到《受理通知书》后约一年至一年半实质审查完毕，通过实质审查的商标由商标局发布初步审定公告，公告期3个月。

第四阶段：初步审定公告期满，无人提异议的，由商标局发注册公告，注册公告即证明该商标已被核准，商标申请人取得了该商标的专用权。

第五阶段：自发布注册公告之日起约1个月即可以取得商标注册证。

（三）专利权

专利权与大学生的关系非常密切。一方面，大学生正是处于创造力旺盛的时期，现在不断有大学生做出创造性很高的发明作品；另一方面，如果是学习理工科专业的大学生将来从事研发工作的概率更大，那就更离不开专利，研究方向确定前要检索专利，研究出成果之后要申报专利，专利权被侵权之后还要进行维权工作，等等。

1. 专利的概念及主客体

"专利"的英文patent，有"独占"和"公开"双重含义。汉语"专利"一词本没有"公开"的含义，但经过几十年来的使用和宣传，我国公民已经了解了"专利"一词的现代含义。一般情况下，专利是指受专利法保护的发明创造。发明创造，即专利权的客体。

专利权的主体即专利权人，指依法享有专利权并承担与此相应义务的人。发明人或设计人是指对发明创造的实质性特点做出创造性贡献的人。在完成发明创造的过程中，只负责组织工作的人、为物质技术条件的利用提供方便的人或者从事其他辅助工作的人不是发明人或设计人。

2. 专利的种类

专利的种类在不同的国家有不同规定，在我国，《专利法》中规定有发明专利、实用新型专利和外观设计专利。

（1）发明专利。发明是指对产品、方法或者其改进所提出的新的技术方案。它所制造的产品或提出的方法是前所未有的，或是对原有的产品、方法的改进。国家只对符合《专利法》规定的各种条件的发明授予专利权。这些条件中最主要的是新颖性、创造性和实用性。取得专利权的发明可以分为产品发明（如机器、仪器设备、用具）和方法发明（如制造方法）两大类。

（2）实用新型专利。实用新型是指对产品的形状、构造或者其结合所提出的适于实用的新的技术方案。它只保护具有一定形状的产品发明或某种产品的构成部分，但不包括方法发明。实用新型的创造性的要求低于发明。例如，日用品、机械、电器等方面的有形产品的小发明，比较适于申请实用新型专利。产品的构造是指产品的各个组成部分的安排、组织和相互关系。产品的构造可以是机械构造，也可以是线路构造。实用新型专利与发明专利相比，没有什么实质上的区别，只是前者的技术范围和技术水平都次于后者，一般称为"小发明"或"小专利"，多是机械领域内的发明。

（3）外观设计专利。外观设计的全称是"工业品外观设计"，是指对产品的整体或者局部的形状、图案或者其结合以及色彩与形状、图案的结合所做出的富有美感并适于工业应用的新设计。这种设计可以是平面图案，也可以是立体造型，常见的是这二者的结合。授予外观设计专利权的主要条件是新颖性。外观设计专利的审批程序、专利权期限和实用新型专利相同。

外观设计专利保护的客体应当符合以下要求。

第一，必须是形状、图案、色彩或其结合的设计。

第二，必须是对产品的外表所做的设计。

第三，必须富有美感。

第四，必须适于工业上的应用。

例如，齐白石的画是美术作品，但将其印在热水瓶、手绢、信封上，就成了运用于具体产品上的设计而且可以批量生产。至于产品的形状、图案、色彩，三者很难截然分开。是否富有美感，不能仅从发明人或审查员的审美观出发，而应以是否能引起广大消费者的兴趣为准。我国给予外观设计专利保护是为了激发广大外观设计人员的创作热情，使其能设计出新式样，从而使市场中的商品更加丰富多彩，以满足人们的不同需求，同时提高我国出口产品的竞争力。

3种专利的区别如表4-1所示。

表4-1　3种专利的区别

	发明专利	实用新型专利	外观设计专利
内容	产品、方法	产品的形状、构造	产品的形状、图案及其与色彩的结合
审查时间	16个月	6～8个月	4～6个月
审查程序	受理、初审、实审、授权／驳回	受理、初审、授权／驳回	受理、初审、授权／驳回
保护期限	20年	10年	10年

3. 专利权的特点

（1）排他性。排他性也叫独占性，它是指在一定时间（专利权有效期内）和区域（法律管辖区）内，任何单位或个人未经专利权人许可都不得实施其专利，即不得为生产经营的目的制造、使用、许诺销售、销售、进口其专利产品，或者使用其专利方法以及制造、使用、许诺销售、销售、进口其专利产品，否则属于侵权行为。

（2）地域性。专利权是一种有区域范围限制的权利，它只有在法律管辖区域内有效。

（3）时间性。无论是专利还是商标，都有一定的保护期限，过期即不再给予保护。商标虽可以无数次续延，但如不按期办理续延手续也会失效。世界各国的专利法对专利的保护期限规定不一。

4. 专利权的授予

一项专利的申请要想获得专利权，必须符合《专利法》规定的各种条件，这些条件包括形式条件和实质性条件。形式条件是指必须递交符合规定条件的专利申请文件，并在规定的期限内办理各种手续同时要缴纳相关的费用，这是取得专利的基本条件。申请文件一般包括请求书以及专利文本的五书——权利要求书、说明书、说明书附图、说明书摘要以及摘要附图。实质性条件是指申请专利的发明必须同时具备新颖性、创造性和实用性且专利文本的内容也不属于不授予专利权的情形。

（1）不授予专利权的情形。

第一，违反法律、行政法规的规定获取或者利用遗传资源，并依赖该遗传资源完成的发明创造。

第二，科学发现。

第三，智力活动的规则和方法。

第四，疾病的诊断和治疗方法。

第五，动物和植物品种，但动物和植物品种的非生物学的生产方法可授予专利权。

第六，原子核变换方法以及用原子核变换方法获得的物质。

第七，对平面印刷品的图案、色彩或者二者的结合作出的主要起标识作用的设计。

第八，违反国家法律、社会公德或者妨害公共利益的发明创造。

第九，违反保密审查规定的发明创造。

（2）授予专利权的条件。排除上述的不能授予专利权的条件外，也并不意味着，只要申请专利就可以被授予专利权，被申请的专利文本还应该满足专利的实质性条件。

第一，新颖性。新颖性是指该发明或者实用新型不属于现有技术；也没有任何单位或者个人就同样的发明或者实用新型在申请日以前向国务院专利行政部门提出过申请，并记载在申请日以后（含申请日）公布的专利申请文件或者公告的专利文件中。新颖性是取得专利权的重要先决条件。

第二，创造性。创造性是指与现有技术相比，该发明有突出的实质性特点和显著的进步，该实用新型具有实质性特点和进步。具备新颖性的发明不一定具有创造性。

第三，实用性。实用性是指发明或者实用新型能够制造或者使用，并且能够产生积极效果。有些发明在当时得不到使用，但只要技术上能够实现，仍应认为其具有实用性。

5. 专利申请的准备工作

在实行专利制度的国家，发明人完成一项发明创造，面临的问题就是是否向知识产权局提出申请和申请哪种专利保护。一项能够取得专利保护的发明创造需要具备多方面的条件，专利申请人在申请前应做好准备工作。所谓准备工作包括思想上的决策过程和物质上的准备过程。

（1）申请前的准备工作

第一，自我评价一下发明创造是否具备专利性，以决定是否申请专利，申请哪种专利（发明、实用新型、外观设计），是否要申请外国专利。为了对发明创造的专利性有一个恰当的估计，应对照本国的相关法规及实施细则中的有关条文进行评价。

第二，对要申请的项目，申请人应进行充分的技术调查，在广泛了解现有技术状况的前提下，再决定是否提出专利申请，以减少申请专利的盲目性。

第三，凡已组织过或举办过新技术、新产品等的鉴定会或技术会议的，申请人应在6个月之内递交专利申请以免其丧失新颖性。

第四，申请人应对自己的发明创造进行市场预测，估计其技术开发的可能性、范围及技术市场和商品市场的条件，并估计自己所能获得的经济收益等，以便在获得专利权后启动专利实施和技术转让。

第五，因为发明人或申请人往往不懂如何申请专利或如何撰写说明书、确定权利要求范围等，从而可能耽误申请时间。现在全世界范围内实行专利制度的国家，几乎都设有专利代理机构，也有一大批专利代理人从事代理工作。

第六，在当今的"专利战"中，时间就是资本，竞争异常激烈。同一发明创造谁先申请，专利权就可能授予谁。为此，提交申请的早晚往往关系到申请专利的成败。

第七，申请前做好保密工作，任何方式的泄密均会使发明创造丧失新颖性。

第八，各国专利法对于专利申请文件的要求基本相似，随着国际化的发展，各国已经形成一些公认的做法。根据绝大多数国家的规定，除了对外观设计的专利申请文件另有要求外，发明及实用新型专利的申请文件都包括请求书、说明书及其摘要、权利要求书等。

（2）申请日的确定

申请日是国务院专利行政部门收到专利申请文件之日。如果申请文件是邮寄的，以寄出的邮戳日为申请日。申请日对专利申请有重要的意义。首先，在实行"先申请制"的国家，同一发明有两个以上申请人分别提出申请时，申请日是判断专利权归属的依据。其次，申请日是很多国家计算专利保护期的起始日。再次，实行"早期公开延迟审查制"的国家规定，自申请日起的一定期限内，可随时提出审查请求，过期不提则视为自动放弃。最后，申请日是要求优先权的重要依据。

（3）申请人的确定

申请人是本国人或组织时，申请人可以直接通过电子申请或者邮件申请的方式，将申请文本提交到国家知识产权局或者国家知识产权局指定的办事窗口。但是如果专利是属于职务发明，则申请专利的权利属于单位。例如，高校教师专利申请，其申请人应该是高校，教师只能作为发明人；而非职务发明，申请专利的权利属于发明人。

申请人是外国人、外国企业或者外国其他组织，根据《专利法》第十八条规定：在中国没有经常居所或者营业所的外国人、外国企业或者外国其他组织在中国申请专利和办理其他专利事务的，应当委托依法设立的专利代理机构办理。

（4）发明人、设计人的确定

《专利法实施细则》第十四条规定，专利法所称发明人或者设计人，是指对发明创造的实质性特点作出创造性贡献的人。在专利局的审查程序中，审查员对请求书中填写的发明人或者设计人是否符合该规定不作审查。发明人、设计人必须是个人，不能填写相关的机构或者组织，同时提交专利申请文本时，第一发明人或者设计人还需要提供身份证号码。现有的专利法对于发明人的年龄和学历原则上是没有限制的。

任务二　发明及专利保护

当今社会，创新是企业成功的关键之一。然而，随着市场竞争的加剧，保护创新设想成为创意人士和企业家必须面对的问题。而专利申请则是最有效的方式之一，让我们一起来看看专利申请是如何保护发明，并确保你能够获得创意应有的回报。

一、什么是发明

2017年，来自"一带一路"沿线的20国青年评选出了中国的"新四大发明"——高铁、网购、支付宝、共享单车。在这些来自五湖四海的留学生眼里，中国最便利的生活方式"新四大发明"已经深入到他们的生活里。高铁跑出"中国速度"，拉近城市之间的距离；优质商品借助发达的电商平台，到达世界各地消费者的手中；扫码支付引领消费时尚，让不带钱包出门成为常态；共享单车为"最后一公里"提供解决方案，有效缓解交通拥堵……"新四大发明"是近年来中国科技创新的缩影，不仅改变了中国人的生活，还刷新了世界对中国的认知，生动阐释了中国创新模式给世界的启示。

（一）发明的概念

广义的发明是社会大众意义上的发明，即发明人运用自然规律而提出解决某一特定问题的技术方案。大大小小的技术方案每天都大量产生，都可以称为发明，例如中国古代的四大发明。社会上给广义的发明下过很多的定义，但从法律上，多数国家的专利法没有给发明下定义，《专利法》中指出"发明，是指对产品、方法或者其改进所提出的新的技术方案"，这个定义就是狭义的发明，也称专利发明。

专利是法律授予发明创造的一项独占权，它可以是一项产品，也可以是一种生产方法，还可以是解决某个问题的技术方案。

（二）发明的特点

发明具有以下几个特点。

（1）发明必须包含技术创新或模式创新。与现有技术或模式相比，发明必须具有实质性的显著进步，而不是对前人成果的重复。当然，利用和借鉴前人成果，在他人现有成果的基础之上做出改进，也是一种发明。

（2）发明必须是一种技术方案或基础方案。为了解决特定的技术难题或社会问题，发明必须是一种方案，唯有如此，人们才能按照方案进行产品制造、技术创新、模式复制等。

（3）发明必须利用自然规律。发明是一种技术方案，而技术则是在利用自然规律的基础上发展起来的各种工艺操作方法和生产技能。从这个意义上说，发明要求的技术是利用自然规律的结果。因此，没有利用自然规律的方案不能称之为发明。

（三）发明的过程

尽管不同专业领域发明活动的内容及所采用的方法有很大的差别，但其发明过程基本一致，一般都需要经过以下几个阶段。

（1）发现问题，选择方向。在使用某一产品或方法的过程中，如果发现该产品或方法存在某些问题，且通过调研，确定目前还没有针对这些问题的改良方案，那么可以将其作为发明的方向。

（2）分析问题，提出初步的解决方案。首先，根据选定的发明方向，确定问题产生的原因。然后，利用掌握的知识和相应的工具、设备等，对问题进行分析，提出初步的解决方案。

（3）优化方案。初步的解决方案难免会存在一些不足，因此，需要进行进一步验证和优化。

（4）发明实施。发明实施是指发明由构思转化为产品并进行应用的过程。

二、为什么要申请专利

"专利"一词具有以下3种含义。

（1）从法律意义上讲，专利是专利权的简称，它是指法律上认定的一种具有排他性与独占性的权利。

（2）从发明创造的角度讲，专利是符合法定专利条件并取得了专利权的发明创造，也称专利技术。

（3）记载有发明创造内容并公开的专利文献。

由此可见，专利包含专利权的意思。从我国的司法实践来看，专利的准确含义是指经专利行政部门依照法定程序进行审查，认定符合专利条件的发明创造。

那么，专利权的本质是什么呢？专利权赋予专利权人的权利只是对其发明创造（专利技术）的实施权，即通过实施其发明创造获得经济利益的权利，而不是发明创造本身。由此可以看出，专利权本质上是一种财产权。当然，专利的实施指的是商业化实施，即为生产经营目的而实施。如果有人按照他人的专利技术制造了一件产品供自己日常使用，而没有用于生产经营活动，其实施行为就不属于专利侵权行为。

所以，申请专利的目的，归纳起来有如下几点。

（1）通过法定程序确定发明创造的权利归属关系，从而有效保护发明创造成果，以此换取最大的利益。

（2）为了在市场竞争中争取主动，确保自身生产与销售的安全性。

（3）国家对专利注册会给予部分政策、经济方面的帮助，专利技术可以作为商品出售（转让），从而达到其经济价值的实现。

（4）拥有一定数量的专利还作为企业上市和其他评审中的一项重要指标，例如，高新技术企业资格评审、科技项目的验收和评审、创新基金申报、省/市级技术中心认证等，专利还具有科研成果市场化的桥梁作用。

总之，专利既可用作盾，保护自己的技术和产品，又可用作矛，打击对手的侵权行为。充分利用专利的各项功能，对企业的生产经营具有极大的促进作用。

三、专利申请流程

申请专利时一定要准备齐全相关的材料，申请专利的流程一般都是提出申请→审核→批准→获得准专利。专利的申请在获得专利之后，他人若是想使用该专利，需要获得所有者的同意的，并且需要支付一定的报酬，在使用过程中不得侵犯所有者的权益。

（一）准备申请文件

专利申请文件是申请专利时向国家知识产权局提交的材料。根据《专利法》第二十六条第一款的规定，发明和实用新型专利申请文件包括请求书、说明书及其摘要和权利要求书等。

1. 请求书

请求书是国家知识产权局统一印制的表格，一般由申请流程工作人员填写。

2. 说明书及其摘要

说明书的作用是向公众充分公开发明或实用新型的技术内容，并使该领域的普通技术人员能够实施。说明书是理解、撰写权利要求书的基础，专利代理人员应当掌握说明书撰写的格式要求和实质要求，并能用丰富的语言描述技术细节。说明书摘要可在说明书写完后，誊抄其中的技术要点就可以了。

3. 权利要求书

权利要求书是用来确定发明或实用新型专利保护范围的法律文件。审查过程中，审查员的工作重点是审查权利要求是否满足相关规定。如果专利授权后发生侵权问题，在专利侵权判断过程中，法院审查的重点是被控侵权产品或方法有无纳入权利要求的保护范围。因此，专利申请文件最重要的部分是权利要求书。

（二）专利申请的审批程序

依据《专利法》，发明专利申请的审批程序包括受理、初步审查、公布、实质审查和授权5个阶段，而实用新型和外观设计专利申请的审批程序只有受理、初步审查和授权3个阶段，不进行公布和实质审查，如图4-1所示。

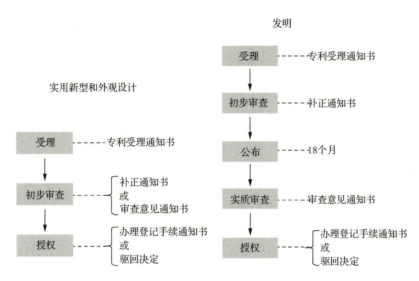

图4-1 专利申请的审批程序

1. 受理

国家知识产权局对申请人提交的申请文件进行检查，符合受理条件的予以接受，同时确定申请日，给予申请号，发出专利受理通知书。

2. 初步审查

（1）形式审查，主要审查申请文件是否齐备，是否使用了规定的格式，文件撰写是否符合规定形式等。

（2）内容审查：主要审查专利申请的内容是否明显不符合专利法的规定。

3. 公布

国家知识产权局经初步审查认为发明专利申请符合《专利法》要求的，自申请日起满18个月，会将专利申请刊登在《发明专利公报》上进行公布。国家知识产权局可以根据申请人的请求早日公布其申请。例如申请人在提交专利申请的同时提交《请求提前公开声明》（一般4～6个月公开）。因为发明专利的实质审查周期较长，早公布其内容有利于信息及时公开，避免重复研究和社会资源浪费。

4. 实质审查

国家知识产权局对专利申请是否符合授予专利权的实质性条件进行审查。实质性审查须由申请人提出请求，不是自动进行的。

5. 授权

申请人办理登记手续，并缴纳专利登记费、登记附加费及授予专利权当年的年费，被授予发明专利证书。

任务三 创新成果的转化

现实中，一些大学生的创新成果虽然拿到了相应的奖项和证书，但是很难走出校门转化为有价值的生产力。如何推动大学生创新成果的转化，使大学生的创新成果付诸实践，对大学生和社会来说十分重要。

一、创新成果转化的含义

创新成果是指为了达到一定的目的，在遵循事物发展规律的基础上，对事物整体或其中的某些部分进行变革或更新而得到的活动成果。简单地说，创新成果就是创新活动的结果。我们这里谈论的创新成果主要是指推向市场取得商业成效的新成果。

创新成果转化指创新成果知识产权人通过自己使用、许可使用、转让、特许经营等方式行使创新成果知识产权的财产权利，实现创新成果知识产权的经济价值。创新成果知识产权的转化既为权利人实现其财产权提供了渠道，又让社会大众分享创新成果的效用，从而实现了激励创造、鼓励传播、促进社会进步的目的。

二、创新成果转化的模式

（一）创新带动创业

自主创业即自己使用、自主开发创新成果，是指个人、研究院所、高等院校、企业等创新者的新成果在内部进行的一种成果转化模式。其特点是创新成果的成果源与吸收体融为一体，将市场交易内部化，剔除了中间环节，转化交易成本较低，转化效率较高。

由于创新和创业是相互关联的整体，因此，我们有必要在探讨创新过程和创新方法中，探讨创业，以及创新与创业的关系。简单地说，创新是发明的首次商业应用。而要进一步持续商业化，开拓产品固有的市场，就需要通过以下两个途径，一是通过已有企业从事产品和服务的持续开发、生产和商业运作，二是从0到1，通过创办新企业，实现上述过程，这就是创业活动。

创业是人们近几年听得比较多的词语，不管是开个饭馆、做个生意，还是开发个项目、成立个工作室，都能称之为创业。有人将创业分为生存型创业和机会型创业。生存型创业是指那些由于没有其他就业选择或对其他就业选择不满意而从事创业的活动。生存型创业项目主要集中在零售、个人服务、餐饮副食、百货等微利行业。机会型创业是指那些为了追求一个商业机会而从事创业的活动。创业者还有其他的选择，但由于个体偏好而选择了创业，他们是为了追求一个机会而开创企业的创业者。

随着"大众创业、万众创新"的倡导和普及，越来越多的人开始选择机会型创业，开始将创业作为一种实现人生价值的途径。此外，创新带动的创业也是创业升级和市场竞争的结果。首先，生存型创业在不断升级，向机会型创业和创新型创业升级。其次，市场更迭加快，市场竞争激烈，以创新求生存、求发展成为必然。面对竞争惨烈的"红海"市场，是拼得你死我活，还是另辟蹊径，寻找和谋划"蓝海"呢？这已成为创业者首先要面临的抉择。市场的成熟使得大部分消费需求能够得到满足，市场竞争走向优质和新颖，从物质需求走向文化创意需求。而以人工智能、虚拟现实、3D打印、物联网技术等为特征的新技术革命的不断渗入，以及风险投资、"互联网+"的普及和创业示范，给创新带动创业提供了技术和物质上的可能性。那么创业的机会在哪儿呢？在我国市场经济的大潮中，遍地都是创业机会，但是，机会并不是每一个人都能够看到的，即使看到，也不一定就能够把控住。

对于具有专业知识的大学生而言，创意、创新项目、创新构想是创业的重要前提和基础保障。创业成功的关键更在于创业者能否突破传统思维限制，主动应对环境变化，整合组织内外部资源，创造出新产品、新技术和新服务，实施技术创新、管理创新、体制创新、品牌创新、市场创新等战略，创造出新的经营模式。在信息社会和知识经济发展过程中，创新型创业越来越重要。创新型创业与传统创业最根本的差异就在于创新，其为市场提供的产品或服务的附加值更高，具有更大的市场成长性。由于创新是永无止境的，新的技术、新的管理模式、新的商业模式的优势会不断诞生、不断升级换代。所以，通过创新型创业实现事业的不断壮大，必须不断跨越已有的范式，转换思维模式，善于把握和利用各个维度的变迁机会。

（二）创新成果许可使用

创新成果的许可使用是指产权人授权他人在一定时期和范围内，以一定的方式行使创新成果的使用权并获得相应报酬的行为。专利实施许可是最常见的专利贸易形式，是专利权人获得经济价值的主要途径之一。

神龙汽车案例

在神龙汽车有限公司"标致508"的生产线上，大型激光拼焊机正紧张地进行焊接。这台世界先进水平的焊接生产线不是从国外进口的，而是华中科技大学机械学院邵新宇教授团队研发的新技术成果。在2015年度国家科学技术奖励大会上，邵新宇教授团队完成的"汽车制造中的高质高效激光焊接、切割关键工艺及成套装备"获得国家科技进步一等奖。20世纪80年代中期，华中科技大学开始研究激光加工技术。当时，刚刚成立的神龙汽车有限公司在汽车零部件国产化的过程中遇上了麻烦：汽车变速箱中两个齿轮及其垫片因需要承受巨大压力，对焊接技术要求极高。华中科技大学得知此事后，主动提出承接这一技术的攻关。神龙汽车的法方代表最初并不相信中国人也能完成这一焊接技术，在收到焊接完成的3套成品以后，他甚至将其带回欧洲总部进行检测。实验结果证明，焊接完全符合标准。最终，由学校与企业共同成立产业化公司，实现了理论到技术到生产力的转变。

（三）创新成果转让

创新成果的转让是指创新成果产权所有人依法将其享有的创新成果产权中的财产权利全部或部分转让给他人的行为。有偿转让创新成果是实现创新成果经济价值的主要途径之一。

从实验室到生产线，科技成果转化释放创新伟力

东北大学轧制技术及连轧自动化国家重点实验室王昭东团队研发的先进热轧钢材新一代控制轧制和控制冷却技术构建了我国独特的资源节约型钢材生产体系。

"这个技术可以使钢材的强度提高100兆帕，吨钢成本降低100～200元。此外，我们研发的特种钢板辊式淬火技术可以为钢厂生产用于海洋工程、水电核电等特种钢板提供关键的热处理技术上的支持和装备上的保障。"王昭东说。在他看来，进入新时代，中国科技成果转化的速度大大加快。上述两项技术已在国内主要大型钢铁企业的50多条生产线上得到应用，年生产规模达4 000万吨。

字节跳动：奔向科技创新的"星辰大海"

2022年，我国互联网行业出现了一颗"重磅炸弹"，在全球互联网市场掀起了巨大的"水花"，这就是被誉为全球最有价值的独角兽企业，通过多轮融资后目前市场估值超2 000亿美元的北京字节跳动科技有限公司（2022年5月更名为北京抖音信息服务有限公司）——一家2022年全球月活跃用户超过25亿人的互联网科技公司。那么，字节跳动是如何摘得全球最有价值独角兽企业桂冠的呢？

字节跳动有非常浓厚的工具文化。数年前因为寻求一款符合数字化时代使用的协同工具未果，该公司建立自有团队，预期打造一款配得上这个时代的工具类产品，飞书应运而生。在远程办公、在线协作场景激增的背景下，用户对协作工具的需求增加。

飞书为帮助和服务全球化的高效协作而不断迭代和创新，坚持用工具创新为组织增值。飞书的诞生实际上基于一个很早之前就已经存在的技术——语音识别和语音转文字技术。前人在此阶段没有继续深挖和探究，没有将技术能力转化成有效的产品价值。因此飞书研发中心设计负责人及其团队主要使用如下方法来完成这个过程：第一，寻找未来企业的诉求；第二，探究需求背后的意义，是否已有现有的技术在这个纬度上可以提供部分的解决方案；第三，在只能提供部分的或者不那么智能的解决方案基础上提供更加极致的体验。由此，把早已存在的技术应用到企业效率的提高中。

在追求团队协作高效的过程中，企业主要追求的就是三件事情：第一，提高信息的有效的效率；第二，降低团队内或团队间协作的成本；第三，确保企业类的信息安全及有效。飞书和飞阅会有效地保障了这三点的协同，因此能够有效帮助飞书和使用飞书的企业提高组织效率。

"超级独角兽"会走向何方？未来让我们拭目以待。

实训任务

任务一

实训主题	体验小发明
实训内容	请同学们大胆想象，结合自身专业，自备材料完成一件小发明，如手工艺品、产品包装设计（适用于艺术专业群）、财务模型（适用于财会类专业群）、科技小制作（适用于信息与人工智能专业群）等。该作品要具有新颖性、创造性和实用性

实训流程	时间（30分钟）	要求	注意事项
	5分钟	1．学员进行分组； 2．每组各选一名组长，负责协调	小组分组可以采取抽签的方式进行
	15分钟	1．以学习小组为单位，结合自身专业，自备材料； 2．团队分工协作，要求作品具有新颖性、创造性和实用性	1．组与组之间不进行任何形式的交流； 2．讨论时注意倾听和思考他人的看法
	10分钟	1．小组汇报各自的小发明； 2．教师针对各组分享的内容进行总结点评	

实训总结	**教师点评内容**
	学生实训心得

任务二

实训主题	模拟申请专利		
实训内容	熟悉专利的申请流程，深入理解创新成果保护的重要性		
实训流程	**时间（30分钟）**	**要求**	**注意事项**
	5分钟	1. 学员进行分组； 2. 每组各选一名组长，负责协调	小组分组可以采取抽签的方式进行
	15分钟	1. 组长组织小组成员进行讨论，结合自身专业，设定申请专利的情景； 2. 设定好情景后，组内成员分成两方进行角色扮演。一方扮演专利申请人，另一方扮演专利行政部门的工作人员	1. 组与组之间不进行任何形式的交流； 2. 讨论时注意倾听和思考他人的看法
	10分钟	1. 课上进行小组表演，教师对每个小组的表现进行点评； 2. 活动结束后，教师从学生积极参与活动的全过程、所扮演角色的完成度、是否能够准确实施专利申请等方面进行评分	
实训总结	**教师点评内容**		
	学生实训心得		

任务三

实训主题	创新成果保护案例分析		
实训内容	通过互联网搜索创新成果保护的案例，并对其进行分析		
实训流程	**时间 （30分钟）**	**要求**	**注意事项**
	5分钟	1．学员进行分组； 2．每组各选一名组长，负责协调	小组分组可以采取抽签的方式进行
	15分钟	1．以学习小组为单位，结合自身专业，收集3个以上创新成果保护成功或者失败的案例； 2．对所收集的案例进行分析，对于成功案例，分析其创新成果的保护效果；对于失败案例，分析其失败原因	1．组与组之间不进行任何形式的交流； 2．讨论时注意倾听和思考他人的看法； 3．搜索时的案例要与所学专业相关
	10分钟	1．小组轮流分享搜索到的案例，谈一谈自己对创新成果保护的认识； 2．教师针对各组分享的内容进行总结点评	

教师点评内容

实训总结	

学生实训心得

单元五 识别创业机会

学习目标

通过本单元的学习，学生应能够：

◆ 了解创业机会的内涵、特征和来源；

◆ 掌握"互联网+"新业态下创业机会的挖掘和创业项目评估的方法；

◆ 了解创业风险类型及大学生创业风险形成原因和规避对策。

知识导图

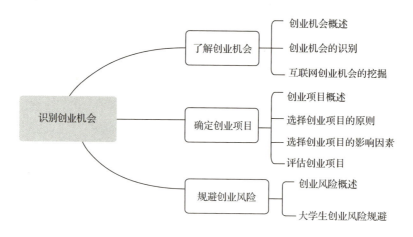

单元引例

小黄车ofo—— 一场鲜活的创业悲喜剧

ofo小黄车于2014年成立，2015年6月，ofo共享单车在北大校园内上线，全球首创"无桩单车共享"模式。之后，从北大校门走出的ofo又恰好赶上资本的风潮，收到各路投资人的极力热捧，资金一波波争先恐后地涌进ofo。在大量资本的加持下，ofo迅速成为发展最快和市场占有量最大的共享单车之一。

2018年以后，ofo开始走入困境。在资本的帮助下迅速站上顶峰的ofo，如今面对的是断裂的资金链、巨额的市场维护费用、千万用户的不满。ofo在经历高速发展之后快速地走向了衰落。

ofo的案例充分说明，企业经营面对的市场存在着巨大的不确定性，既蕴藏着宝贵的发展机会，又潜伏着巨大的风险，只有管理好风险，才能完成价值机会和价值实现之间那惊险的一跃。在这一过程中，ofo敏锐地抓住了市场机会，勇于进行市场探索和创新，做到了先行一步；争取到了较多的资本资源等方面的支持，为企业迅速扩张奠定了资源基础。但是ofo忽略了市场发展过程中的风险因素，没有找到有效的盈利模式，对可能面临的各种重大风险缺乏有效管控，又为其发展埋下了隐患。共享单车具有广阔的市场需求，有其存在的价值，行业未来依然可期，但是前路漫漫，还需上下而求索。

任务一　了解创业机会

一、创业机会概述

（一）创业机会的概念

创业机会也称商业机会或市场机会，是指有吸引力的、较为持久的有利于创业的商业机会，并最终表现在能够为消费者创造价值或增加价值的产品或服务之中。

（二）创业机会的特征

创业机会具有以下4个特征。

1. 吸引力

创业者所要提供的产品或服务，对于消费者来说应该是具有吸引力的，消费者愿意消费该产品或服务。究其根本原因，是这种产品或服务能够满足消费者尚未被满足的需求。

2. 持久性

创业机会应当具有持久性，能够得到进一步的发展，具体来说，市场能够提供足够的时间使创业者对创业机会进行开发。有些新想法只能算作一种创意，或是社会上的短暂潮流，并不具备将其转化为创业机会，进行持续开发，最终发展成为一项事业的条件。因此，创业者进行创业机会分析时，应把握创业机会的这一特征，以免造成资源和精力的浪费。

3. 适时性

适时性与持久性相对应。创业机会存在于一个时间段，在这个时间段里进入市场是最佳时机，这样一个时间段被称作"机会窗口"。换句话说，创业机会具有易逝性或时效性，它存在于一定的空间和时间范围内，随着市场及其他创业环境的变化，创业机会很可能消失和流失。基于产品生命周期原理，随着市场进入成长期，机会窗口会打开，此时企业应该抓住时机进入市场。而当市场逐渐进入成熟期时，机会窗口也随之关闭。而且由于创业机会具有公开性，其他创业者同样可以对其加以利用，那么当他人率先进入市场并且占领市场后，对后来的创业者而言，该创业机会也就失去了效用。

4. 创造价值

创业机会除了需要满足上述的前三个特征，还要能够为顾客带来价值。顾客价值可以分为功能性价值、社会性价值、情感性价值、认知价值和条件价值。这是创业企业立足市场和持续发展的基础，是企业必须做到的。不能创造顾客价值的创意对于顾客来说就是没有吸引力的，难以获得持久发展。

（三）创业机会的来源

1. 问题

创业的根本目的是满足顾客需求。而顾客需求在没有满足前就是问题。寻找创业市场机会的一个重要途径是善于发现和体会自己和他人在需求方面的问题或生活中的难处。例如，为了让购物更加方便、快捷，2017年7月9日国内第一家无人超市"淘咖啡"在阿里巴巴的根据地——杭州开业，全场没有一个收银员，这就是把问题转化为市场机会的成功案例。又如在工作、生活节奏加快的情形下，各种外卖、跑腿的App应运而生。

微课

蒂蒙斯评价体系

案例分享

凯叔讲故事

作为我国最大的儿童有声故事品牌，"凯叔讲故事"每天为400万个家庭提供有声故事、家庭教育等一系列服务。在创业初期，创始人王凯全力以赴打造产品，后台却接到了无数妈妈的投诉，抱怨王凯的故事讲得太生动，以致孩子在睡前听了故事兴奋得睡不着觉。

这些抱怨让王凯很是为难，因为衡量讲故事好坏的标准就是看故事是否讲得生动。如果把孩子讲睡着了，说明自己的故事讲得不好，而且孩子如果不爱听，用户就会流失。王凯细细思考之后发现他的产品存在一个用户的使用场景——孩子睡前听故事，在这个场景下用户的需求便是在听完故事后能够安然入睡，因此他决定在讲完故事后推出"睡前诗"这个新产品。王凯会在故事讲完之后读首诗，这首诗他会读7～15遍，一遍比一遍声音小，到最后似有似无地结束，孩子听了这首诗后慢慢就睡着了。时间长了以后，许多妈妈发现，孩子浸泡在中文音韵的平仄之美中，其实也是受益良多的。所以任何一款产品或服务都要围绕场景来解决用户的痛点。

2. 变化

创业的市场机会大都产生于不断变化的市场环境中，环境变化了，市场需求、市场结构必然发生变化。著名管理大师彼得·德鲁克将创业者定义为能"寻找变化，并积极反应，把它当作机会充分利用起来的人"。变化主要来自产业结构的变动、消费结构升级、城市化加速、人口思想观念变化、政府政策变化、人口结构变化、居民收入水平提高、全球化趋势等方面。例如居民收入水平提高，私人轿车的拥有量将不断增加，这就会派生出汽车销售、修理、配件、清洁、装潢、二手车交易、陪驾等诸多市场机会。

3. 政策机会

随着经济的快速发展、需求的不断改变，政府必须时刻跟随时代来调整政策，市场政策的变动使得市场结构发生变化，新政策的出台或现有政策的修改都会为创业者们带来大量的创业机会。近年来，为拉动经济增长，促进经济转型升级，我国政府政策频出，这些政策对经济的拉动作用是毋庸置疑的，也会给企业带来深远的影响。我国的商业企业将会迎来一波政策红利。

2021年2月21日，《中共中央　国务院关于全面推进乡村振兴加快农业农村现代化的意见》，即2021年中央一号文件发布。这是21世纪以来第18个指导"三农"工作的中央一号文件。文件指出，民族要复兴，乡村必振兴。要坚持把解决好"三农"问题作为全党工作重中之重，把全面推进乡村振兴作为实现中华民族伟大复兴的一项重大任务，举全党全社会之力加快农业农村现代化，让广大农民过上更加美好的生活。其中农业农村现代化、种业创新、农村消费等3大板块成为发展的重头戏。另外，我们可以看到，农业农村产业的发展与变革都基于信息技术和生物技术这两大革命性技术。同时，新农人、新农商、新思维、新产业等新业态回流农业农村，也进一步激发了我国农业农村的发展速度与现代化进程，利好农业企业和"三农"领域创业者。

4. 创造发明

创造发明提供了新产品、新服务，更好地满足了顾客需求，同时也带来了市场机会。例如，随着智能手机的诞生，手机维修、软件开发、信息服务、手机美容等市场机会随之而来，给人们带来了商机。

5. 兴趣爱好

创业者通过发现自己的兴趣、渴望、理想，专注地去发挥自己最擅长的部分，便将会为整个创业过程提供持续的行动力，创造和贡献自己的价值。

案例分享

宠动员宠物生活馆——石梓溪

"之前的三十年，我一直活在别人对我的期待里，以后，我要为自己而活，做点自己喜欢的事情。"这是电视剧《三十而已》中钟晓芹回顾自己过往人生时说出的一段话。宠动员宠物生活馆的创业者石梓溪就是一个活生生的例子，她是宠物主播，也是宠动员宠物生活馆的"老板"，每天过着与猫猫狗狗打交道的生活。几年前她和我们很多人一样，做着一份被人称为"铁饭碗"的银行工作。

这份工作给了她稳定，却给不了她快乐。所以她找到自己真正喜欢的事情之后，就毅然决然地辞职，开始了宠物生活馆的创业之路。从做着一份普通的银行工作，到成为一名成功的宠物生活馆"老板"，她明确了自己的爱好，勇敢地做出了选择。

石梓溪告诉很多人：之所以说"爱好不能当饭吃"，是因为人们错把"三分钟热度"当成了一生的爱好。她自小就很喜欢动物，可惜妈妈不让她养。但这无法阻止她对狗的喜爱。她每天放学回家第一件事就是去小区附近的宠物店撸猫撸狗，过一把瘾。工作后，她拥有了自己的"小窝"，养了两只狗、一只猫，但繁忙的工作让她甚至有时候连遛狗都敷衍了事。每天看着监控另一端的"毛孩儿"静静地趴在门口，她内心总是无比煎熬。而这份煎熬随着时间的流逝有增无减，她终于明白了自己想要的东西！

明确了自己的心意后，石梓溪毅然决然地选择了辞职。她觉得这是她给"毛孩儿"的一份承诺，也是送给自己的一份礼物。她愿意放下当下的所有，把全身心都交给"毛孩儿"们！

从"半路出家"的她，没有丝毫的创业经验。她孤身一人、不远千里地到全国各地寻找合适的宠物店项目，那段时间，她的生活只有宠物、学习和各类宠物品牌，有时甚至忙到没时间吃饭，睡眠时间也大大缩减。经过半年多的考察，她最终选择了加盟宠动员宠物生活馆项目（见图5-1）。

图5-1　宠物员宠物生活馆

从前期筹备到宠动员宠物生活馆开业，足足花了3个月的时间，每一处细节都经过细细打磨。看着眼前的宠物店，石梓溪内心充满了感激。她签下合同后，宠动员宠物生活馆总部（以下简称宠动员总部）就通过大数据选址、实地考察很快确定了门店位置，因为门店不大，所以宠动员总部的设计师将空间用到极致，将宠物生活馆划分为5个区域：寄养区、活体区、零售区、洗护区和接待区，用心的货架陈列使得每面墙甚至每个角落都得以充分利用，而且为了保持空气清新，店内安装了24小时新风系统，没有刺鼻的猫狗体味，舒适干净的环境让人愿意在店内多多停留。

除此以外，宠动员总部还提前准备好了开业营销策划，开业前导师带店，确保开业当天一切顺利。事实证明这些坚持都是值得的。石梓溪的宠动员宠物生活馆开业的第一个月，营业额超过20万元，之后的营业额也一直稳定在15万～20万。而她在宠物员总部宠物商学院经过严格的培训后，成了一名宠物美容师，因为掌握了专业的宠物养护技能，她成了萌宠圈中的知名主播。

这一路她接触到了一群志同道合的朋友，也收获了很多粉丝。在把爱好变成事业的同时，她也获得了财富。接下来她想要做的就是，在宠动员总部的帮助下，多开几家分店，把这份喜欢传递给更多的人，让更多的"毛孩子"拥有更好的生活。

6. 新知识、新技术的产生

科学技术的不断突破和前进，或产生新的技术，或对现有的技术组合进行重组，都会给创业者带来相应的创业机会。新技术产生，带来了新功能、新服务和新产品。

二、创业机会的识别

（一）创业机会识别的含义

创业机会识别是创业的关键问题之一。从创业过程方面来说，创业机会识别是基础。从本质上来说，成熟的创业者通过识别机会，将创业机会转变成创业企业，由此可以看出，创业机会的识别很重要。在识别过程中，要认识到机会能不能满足以下几点：首先，这个机会能不能为消费者创造新价值或增加价值；其次，这个机会能不能解决一项重要问题，或者满足市场的重大需求或欲望；再次，这个机会有没有很强的市场需求，是不是利润丰厚；最后，这个机会能不能适应市场环境和突发情况，达到收支平衡。

微课

识别漆铺村
创业机会

创业者从无数个创业机会中选择一个机会，必然经历了无数次验证与反复权衡，不断开发其潜在的预期价值，使其创业机会的战略定位越来越明确，这一过程称为创业机会识别。

（二）创业机会识别的过程

创业机会识别的过程如下。

第一，反复思考选定的新产品或新服务以怎样的形式为消费者创造新价值或增加价值，以及在将新产品或新服务运用到市场中去会遇到的障碍，并对新产品或新服务潜在的障碍及市场接受度进行研究，使新产品或新服务在预料计划的时间内能达到预期的收益。

第二，在产品或服务进入市场之前，对目标市场进行风险预测，包括技术风险预测、利润风险预测、不良影响预测。针对预测的风险程度，给出相应的管理和控制方案。

第三，考虑在产品进入市场时，产品供应链的连续性能不能得到保证，产品质量能不能得到保证。

第四，初步预测创业项目需要的资金，并思考使用什么融资渠道。

第五，在更大的范围内考虑风险程度以及如何控制和管理那些风险因素。

（三）影响创业机会识别的因素

我们身边暗藏着各种各样的创业机会，但不是所有的机会都对创业者具有相同的价值。创业者出于各个方面的原因，不可能去识别所有的机会，创业者必须在有限的时间里选择那些具备价值并且自身有能力去实现价值的创业机会。在创业机会的识别过程中，需要考虑两方面的因素：一是内部因素；二是外部因素。

微课

创业机会的
来源

1. 内部因素

影响创业机会识别的内部因素主要包括创业者和创业团队。

（1）创业者。创业者的人格品质是影响创业成败的关键因素，这里的人格品质是指创业者的人品与道德观。在业界具有良好的声誉，重视诚信合作、正直、公平等基本道德原则的创业者，在识别创业机会时通常会更有优势。

微课

组建团队基本
原则

（2）创业团队。创业团队的特质和能力既包含团队的总能力，也包含团队成员个人的生产及技术经验、个人诚信等方面。创业者与他的团队成员对所要投入产业的相关经验、知识与了解程度的多少，也会影响创业机会的识别。

2. 外部因素

影响创业机会识别的外部因素主要是指创业机会识别的环境，包括技术环境、市场环境和政策环境3个部分。

（1）技术环境。技术的进步难以预测，从某种意义上来说，技术是变化最为剧烈的环境因素。因为技术的进步可以极大地影响企业的产品、服务、市场、供应商、分销商、竞争者、客户、工艺、营销方法及竞争地位等。因此创业者应对所涉及行业的技术变化趋势有所了解和把握，考虑一定时间和空间的技术需求。

（2）市场环境。识别创业机会的市场环境可以从分析市场吸引力方面进行。

市场吸引力是产品或服务在市场上吸引消费者并获得销售份额的能力。从消费者角度看，产品的市场吸引力是其竞争力的最主要标志，其衡量指标是性价比和满足个性化需求的程度。在一般情况下，产品的性价比是消费者购买决策的基础。特殊的消费者还会考虑产品满足其特定需求的性能。

（3）政策环境。政策环境主要是指政府的政策、法律与法规、制度等相关因素。这些可能直接或间接地对创业机会的识别过程造成影响。鉴于政策的多元化，仅从创业政策的角度对政策环境进行分析。

三、互联网创业机会的挖掘

在"互联网+"这样一个经济新形势、新业态下，如何运用互联网思维深入挖掘创业机会是当今大学生成功开启创业之路的敲门砖。创业机会可以归纳成3个方面，分别是市场机会、政策机会和技术机会。从宏观的商业模式和行业发展的角度到微观的个人和产品的视角，我们结合"互联网"思维将发现创业机会的方式细分为市场需求、模仿创新、重度垂直、问题痛点4类。

（一）互联网+市场需求

市场经济的快速发展带来新的需求，而现有的市场无法满足这些需求，这就要求有创业者创办新的企业来满足。现有市场的结构出现了缺陷，市场并非一直处于绝对平衡之中，一旦市场的结构失衡，就需要新的创业者利用这个机会去寻找新的动态平衡。例如，O2O便是利用互联网自由连接的特质，对各行各业的采购、生产制造和交付等环节的供应链进行重构，消除传统行业供应链中多余的节点，从而发现创业机会。

案例分析

俞敏洪——"新东方"的重生之路

"双减"政策落地后，教培行业开始将业务重心进行转移，转向面向素质教育、大学业务和出国为主的教育业务。但这对于新东方当前的情况而言，无异于治标不治本，因此一直在探索转型的新东方，将目光瞄准了直播带货这一道路。于是，二次创业——东方甄选品牌诞生。那么，如何把握机会实现从教育培训到电商直播的成功转型呢？

首先，知识是东方甄选的看家本事，东方甄选最初就是凭借知识带货在该领域找到无人竞争的市场，树立独具一格的品牌形象。在东方甄选直播间"出圈"之前，"买买买，321上链接"是大多数带货直播间的常态，快节奏的网络生活促使主播为消费者营造紧张的购物氛围。不同于其他以销售为主导的直播间，东方甄选利用自身资源优势，将课堂搬入直播间，将文学大家请进直播间，开启"知识带货"的先河。东方甄选的主播们介绍的不光是产品，更是产品背后的故事，是更深层次的文化底蕴和人生感悟。

其次，在Web3.0时代，营销即传播，传播即营销。尤其是在互联网背景下兴起的直播带货领域，营销性质的卖货内容通过网络传播给大众，更加展现着渠道与媒介间的融合。东方甄选爆火的时机非常巧妙，2022年"6·18"即将到来之际，各大主播"翻车"、停播……各大平台头部带货主播的空缺迫使抖音对开创知识带货先河的东方甄选直播间加大流量倾斜，实现了东方甄选和抖音之间的"相互成全"。此外东方甄选在各大社交平台和电商平台也都运营着自己的官方账号。营销渠道和传播媒介的契合使得东方甄选在卖货的同时传递品牌理念，又通过媒介渠道发生更深更远的传播，反过来进一步促进销售增长，实现了营销和传播的良性循环。

可以说，抖音平台的流量倾斜是东方甄选迅速爆火的一个大的前提。同时，作为内容电商直播的一种代表，东方甄选具有强烈的知识属性、内容属性，和抖音平台未来的电商模式更加契合。

（二）互联网+模仿创新

互联网诞生于美国，美国在互联网上具有先发优势。在发展前期，国内很多互联网企业身上带着国外同行的影子，虽然针对本土网民的个性化需求，做了本土化创新，但核心应用模式是搬来的。

而近些年海外企业开始向中国同行取经，到中国复制（To China Copy，TCC）兴起。Facebook推出的Hello功能对国内软件搜狗号码通进行了不少模仿。Google这一曾经引领全球科技的创新机器开始跟随中国同行，上线了在搜索结果中买票的功能，可以通过内容搜索到App，在结果页直接安装，而百度上线的对应功能比它早了一年以上且更完善。所以，创业者在借鉴国外互联网企业先进产品的同时，也可以多关注中国本土互联网企业的发展，新一代成功的互联网创业企业必将带有强烈的中国特色。通过对比国内外市场的发展，我们可以比较不同的商业模式和技术创新，找出国内市场的空白，发现创业机会。

（三）互联网+重度垂直

垂直领域指的是房产、家居、汽车、旅游、教育和医疗等大宗非标准化的消费品领域。针对这些商品的购买占据了我们日常生活中消费金额最大的部分。

互联网产业结构为"倒金字塔"，只会有少量的企业来提供基础服务，会有一定数量的大企业抢占流量人口。对创业者来说，更多的创业机会在垂直领域的应用与服务。从"互联网+"创业机会来源便可以看出，未来很多的创业机会将出现在垂直的细分市场。互联网几大垂直细分领域如垂直电商、垂直餐饮O2O、垂直上网导航、垂直女性健康都有创业者的身影。

（四）互联网+问题痛点

很多情况下，解决问题是互联网创业的起点。换言之，就是某方面暂时没有人去做或者有人做但做得不够好，这就是一个新的商业机会。结合互联网的技术手段，寻找拥有相同痛点的人，解决问题，这就是极佳的互联网创业出发点。

那么，到哪里去找痛点呢？从抱怨里找。只要注意倾听和发现，就会从生活中听到各种人的抱怨。这些都是寻找痛点、发现互联网创业机会的绝佳切入点。

"滴滴"——运用"痛点思维"抓住消费者的心

滴滴成立之前，在国内，人们出行时的选择只有私家车、公共交通工具和出租车3种，而乘坐公共交通工具和打出租车都得等候，特别是打出租车，平时就比较难等，而一旦遇到上下班高峰期或雨雪天气，那真可以用"一车难等"来形容，许多乘客被这种等待搞得心绪不宁、焦躁不安，而这正是消费者的一大"痛点"，谁能解决这种"打车之苦"，那自然就赢得了一个很大的赚钱商机。

滴滴创业团队敏锐地注意到了消费者的这个"痛点"。通过调查，他们发现，乘客在等车时，都有一个耐心时间，如果超过这个时间，乘客的心情就会大受影响，就会产生一定的不良情绪。所以，滴滴将所有的资源都集中在一个"快"字上，力求让所有的乘客都能在耐心时间之内打到车，而且，在乘客用滴滴叫车后，就不用再苦苦寻觅出租车的踪迹了。结果，因为对"痛点思维"的充分运用，滴滴一上线，就受到消费者的欢迎，吸引了大量用户，也吸引了大量资本进入。

任务二 确定创业项目

在有创业想法、识别创业机会后，人们可以天马行空地构思创业项目，描绘美丽愿景，增强自己成功创业的信心。但是当真正开始为自己描绘项目构思时，人们需要缜密地思考、严密地计算、合理地规划，对创业项目进行科学、合理的评估，从而确定适合自己的创业项目。

一、创业项目概述

（一）创业项目的概念

创业项目是创业者为了实现商业目标而具体操作和实施的工作。通俗来说，创业项目是指创业者在考虑创业时综合各种影响因素选择要做的事情。创业项目的种类很多，所有的行业在一开始都可以说是从创业开始的，创业项目按行业可以分为零售、餐饮、服务等，按性质可以分为网络创业和实体创业。广义的创业可以是创业者自己开一个小店、开一家公司或者加盟一个品牌，其实这些项目都可以算创业项目。

（二）创业项目的分类

当决定要创办企业时，你会发现，选择一个合适的项目或行当，十分困难。因为可以做的行当太多，让人无从下手。其实，企业有很多种类型，主要可以分为以下4种。

1. 贸易企业

贸易企业从事商品的买卖活动，零售商从制造商或批发商处购买商品，再把商品卖给顾客和其他企业。其中，零售商从批发商或制造商处购买商品，卖给顾客。所有把商品卖给最终消费者的商店都是零售商，而批发商则是从制造企业购买商品，然后再卖给零售商。如蔬菜、水产、瓜果、文具、日用品批发中心等都是批发商。

2. 制造企业

制造企业生产实物产品。如果你打算开一家企业生产并销售砖瓦、家具、化妆品或罐头，那么你拥有的就是一家制造企业。

3. 服务企业

服务企业不出售任何产品，也不制造产品。服务企业提供服务，或提供劳务。如房屋装修、邮件快递、搬家公司、家庭服务、法律咨询、技术培训等行当都是服务企业。

4. 农、林、牧、渔业企业

这类企业利用土地或水域进行生产，种植或饲养的产品多种多样，可能是种果树，也可能是养珍珠。

有些企业其实不完全符合上述分类。如果你准备开办一个汽车修理厂，你开办的就是服务企业，因为你所提供的是维修劳务服务。汽车修理厂也可能同时出售汽油、机油、轮胎和零配件，这就是说你也兼做零售业。所以，要以主要经营内容来决定企业的经营类型。

二、选择创业项目的原则

（一）了解自身实力

当选择创业的时候，创业者必须清楚自己是否具有创办和经营企业所需要的能力素质。曾经的工作经验、技术能力、社会实践经验、爱好、社会地位、家庭背景等是否能够支撑自己成功地创办企业。不是所有人都适合创业，具有其他方面能力素质就可以选择其他就业方式。

（二）了解顾客情况

顾客是企业生存之根本，这点毋庸置疑。创业者必须清楚地知道企业的顾客是谁，企业准备满足顾客的哪些需要，顾客为什么会买企业的产品，顾客的数量是会每天增加还是逐渐减少，诸如此类的问题都是必须弄清楚的，创业者可以通过行情推测、抽样调查、片区访问等形式做一个顾客调查，也许会发现顾客并没有想象中那么多。这时也许需要换一个创业项目了。

（三）了解竞争对手情况

竞争对手是企业利益的分羹者，也是企业发展的助推器。在市场经济条件下，是不存在没有竞争对手的市场的。创业者必须清楚地知道一个区域市场内竞争对手有多少个。这些竞争对手企业的产量怎么样？企业如何销售产品？企业的顾客是谁？这些企业与自己的企业相比有哪些优势和劣势？谁可以从竞争对手转化为合作伙伴？创业者应像分析自己的顾客一样，用同样的方式去分析竞争对手。如果某个区域市场已经饱和，充斥着很多竞争对手，而自己的企业又没有特别出众的地方可以吸引顾客，也许需要考虑换一个区域市场或者换一个创业项目。

（四）了解未来发展趋势

企业是社会利益和经济利益的复合载体。做企业不是一朝一夕的事情，需要考虑5年甚至

10年之后企业的定位、市场的发展趋势、企业的生存空间、企业的社会责任等。如果这些方面都不是很清楚，建议认真思考后再做创业决定。

三、选择创业项目的影响因素

选择创业项目的影响因素包括以下5个方面。

1. 顾客

顾客是指要了解企业产品或服务的人、买得起这些产品或服务的人，以及愿意购买这些产品或服务的人。

2. 竞争对手

对于新企业来说，竞争是不可避免的，所以创业者必须考虑市场是否足以容纳自己企业与竞争对手的企业。同时，要考虑自己企业所提供的产品或服务应该如何与竞争者的产品或服务区别开来。

3. 资源与要求

掌握可用的资金和其他必需的资源将决定是否可以利用某个机会，从而形成自己的竞争优势。

4. 技能、知识和经验

许多创业者是基于自己的技能、知识和经验选择创业项目的。技能、知识和经验对于创业的成功相当重要。

5. 政策与环境限制

企业的外部环境对于选择创业项目来说非常重要，自然环境、政治环境、经济环境、地理环境、法律环境都在企业外部环境的考察范畴之内。

四、评估创业项目

评估创业项目有两种常见方法：SWOT分析法和实地调研法。

（一）SWOT分析法

SWOT分析法是指根据企业内部因素的优势（strengths）、劣势（weaknesses）和企业外部因素的机会（opportunities）和威胁（threats），分析项目的可行性的方法。SWOT是以上四个英文单词的第一个字母的组合。进行SWOT分析时，要考虑所选择项目的实际情况，并写下企业的所有优势、劣势、机会、威胁。优势和劣势是存在于企业内部、可以改变的因素；机会和威胁是存在于企业外部、无法施加影响的因素。

（1）优势。优势是指企业的长处。例如，企业产品比竞争对手的好，企业员工的技术水平很高等。

（2）劣势。劣势是指企业的弱点。例如，企业产品比竞争对手的贵，企业没有足够的资金按自己的愿望做广告，企业无法像竞争对手那样提供综合性的系列服务等。

（3）机会。机会是指周边地区存在的对企业有利的事情。例如，企业制作的产品越来越流行，许多新的住宅小区正在这个地区建设，潜在顾客的数量将会上升等。

（4）威胁。威胁是指周边地区存在的对企业不利的事情。例如，在这个地区有生产同样产品的其他企业，原材料价格上涨导致企业出售商品价格上升，不知道企业的产品还能流行多久等。

（二）实地调研法

创业者做好市场调查，对顾客，竞争对手，资源与要求，技能、知识和经验，政策与环境限制等进行分析，有助于了解自身和企业市场，验证创业项目是否可行。

任务三　规避创业风险

创业是一条曲折艰辛的道路，风险是难以避免的，成功的可能性很低，有时带有很大的运气成分。因此，创业者应有强烈的风险意识，这样在经营活动中才可能预防风险、降低风险、规避风险。创业者只有尽量防范和规避风险，才可能提高创业成功的概率。

一、创业风险概述

（一）创业风险的含义

创业风险是指在创业过程中存在的风险，它是由于对创业过程了解得不充分而产生的创业不确定性，创业机会与创业企业的复杂性，创业者、创业团队与创业投资者的能力与实力的有限性，而导致创业活动偏离预期目标的可行性及后果。

（二）创业风险的特征

虽然不同的创业项目存在的风险不同，但创业风险有一些共同的特征。了解这些特征有助于创业者更好地预测创业过程中存在的风险。

（1）客观性。创业风险存在于创业活动的整个过程中，不因人的意志而转移，也没有办法完全消除，伴随着创业活动的始终。

（2）损害性。创业风险与创业者的切身利益密切相关，风险一旦发生，必然会给创业者的利益带来一定的损害。

（3）不确定性。创业风险与时间、空间、损失程度密切相关，但是时间、空间、损失程度又是不确定的，它们是不断变化的，这就造成了创业风险的不确定性。

（4）可预测性。对于单个的创业者或者个别的创业企业来讲，创业风险是随机的。但从风险的总体而言，在一定时期内某种风险发生的概率和损失率是能够用概率论原理预测出来的。

因此，通过对客观环境的观察，是能够做到对创业风险进行正确预测的。

（5）可控性。风险是由一定的客观条件造成的，当客观条件发生变化时，风险及其带来的损失也会发生变化。因此，控制引发风险的客观条件，在一定程度上可以控制风险的发生，或将风险带来的损失降到最低。

二、大学生创业风险规避

大学生是否具备认清风险和防范风险的能力将直接影响到大学生创业的成败。创业并非一蹴而就，创业的路上总是伴随着各种风险，大学生创业者只有学会分析自己创业过程中可能遇到的风险，懂得如何预防、应对、转移和化解创业风险，才能确保创业的成功。

（一）创业风险的主要形式

1. 项目风险

项目风险就是在实现项目目标的活动中具有的不确定性和可能发生的风险，分布在项目的选择、市场的定位、进度安排和对环境的判断几个关键点上。项目的选择必须经得起市场检验，不是想做什么项目就能做成什么项目。有些大学生创业时只是凭自己的兴趣爱好和想象来选择创业项目，甚至仅凭一时的心血来潮就做决定，没有做好市场调研，在不了解市场行情的基础上就草率选择创业项目。大学生创业者的这种冲动很容易造成项目选择不准、市场把握不清、项目进度安排不合理等一系列问题，使创业一开始就面临方向错误的风险，极有可能造成项目中途失败。

2. 资金风险

资金风险是指因资金不能适时地筹集和供应而导致创业失败的可能性。可以说，资金风险贯穿在创业活动的整个过程，尤其在创业的起步阶段更是处在重要的位置，创业启动资金的筹备情况直接决定了创业能否顺利进行。如果没有足够的流动资金，创业初期就可能遭遇失败，资金风险普遍是创业前期的"命门"。大学生更是缺乏财务分析，在资金管理上表现出明显的不足，相当多的大学生创业企业会在创办初期因资金紧缺而严重影响业务的拓展，甚至错失商机而不得不关门大吉。

3. 技能风险

大学生从象牙塔走出来，还未实现由"学校人"向"社会人"的完全转变，由于年龄、阅历、心理等与有社会经验的人相比处于劣势。创业本身是一个复杂的系统工程，市场不会因为创业者是学生就网开一面。一些在单纯的校园环境中成长起来的大学生在面对社会和市场时，比有社会经验的人更容易迷失和迷茫，做起生意来还十分稚气，容易对困难估计不足，可能影响创业成功。

4. 竞争风险

竞争风险是指在创业过程中由于参与市场竞争而给企业带来的不确定性或损失。在市场经济条件下，任何一个行业都存在着激烈的竞争，任何企业都要面对市场、参与竞争，如何面对竞争是每家企业都要随时考虑的事，对新创企业来说更是如此。大学生创业者创办的企业，对于创业者来讲可能是第一家，但对于社会来讲并不是第一家，也许类似的企业已经有若干家。如果创业者选择的行业是一个竞争非常激烈的领域，那么企业在创办之初极有可能受到同行的强烈排挤。创办企业能否站住脚，能否竞争得过同行，就要看创业者的能力和策略了。因此，考虑好如何应对来自同行的竞争是创业企业生存的必要准备，竞争风险无处不在，无时不在。

5. 营销风险

创业要想成功，在很大程度上依赖于经营管理，没有严格的营销手段就没有成功创业。很多创业失败者就是营销管理方面出了问题，如决策随意、信息不通、理念不清、急功近利、盲目跟风等。大学生创业者要有敏锐的机会意识和高超的决策水平，善于发现机会，把握并利用机会，绝不可以根据不切实际的个人偏好或自己的喜怒哀乐而做出营销策略。营销风险来源于很多方面，总的来说有以下几类。

（1）市场需求变化是导致营销风险客观存在的首要因素。

（2）经济形势与经济政策变化产生营销风险。

（3）科技进步是导致营销风险的又一因素。

（4）人为因素风险，主要是指销售人员和经销商给企业带来的风险。

（二）大学生创业风险形成的原因

1. 创业准备不足

创办一家企业，从无到有，从小到大，有许多需要学习和准备的地方。创业需要理智而不是冲动，需要冷静而不是任性。一些大学生创业者创业前并没有对其产品或项目做市场调查，而只是进行理想化的推断，对创业所需要的各种条件考虑不周，对创业的前景不甚了解，还没有完全做好创业的心理准备、物质和资金准备、技术准备，在这样的情况下就贸然决定创业，就马上投入资金和人力、物力，成立自己的企业，必将置自己于风险之中。

2. 资金运作不良

对于初创企业来说，"资金是创业的拦路虎"。企业创办起来后，就必须考虑是否有足够的资金支持企业的日常运作。如果连续几个月入不敷出或者因为其他原因企业的现金流中断，就会给企业带来极大的威胁。有的大学生怀着干一番惊天动地大事业的雄心壮志走上了创业之路。他们为了彰显财大气粗而不注意资金的有效使用与管理，造成经营成本过高，入不敷出，债台高筑，如果没有更多的融资渠道，企业会在创办初期就因为资金运作不良而宣告倒闭。

3. 管理知识不够

大学生由于缺乏管理类的知识和经验，容易出现组织、决策不及时、不到位而给企业带来不可逆的损失。一些大学生虽然在技术上出类拔萃，但在财务、营销、采购、沟通、管理等方面能力普遍不足，对具体的市场开拓也缺乏相关的经验与知识。在这种情况下，大学生创业就会遇到各种难以预见的问题，从而会犯一些低级错误，导致企业举步维艰。

4. 市场应变不灵

市场是生产或生活资料由生产者向消费者转移的一个交易平台。创业要想成功，在很大程度上也依赖市场，没有市场就没有创业。如果没有经过市场的历练，就不能准确地把握市场，对企业的经营方向和市场的未来发展方向把握不准，产品的开发和生产往往带有盲目性，一旦市场变化就可能做出错误的市场决策，致使企业遭受市场风险的侵害。在创业初期市场风险主要表现在两个方面：一是不了解市场前景，不能预估市场的实际需求，夸大产品和服务的商业价值；二是创业者对市场认知不清，进入市场的时机不恰当，市场拓展不明显，导致产品卖不出去。

5. 法律意识不强

大学生在创业过程中法律知识不足，欠缺创业和经营方面的法律知识，对一些企业运作上的相关手续并不清楚，往往以感情代替规则，以主观判断代替理性思考，以投机心理和冒险行为代替理性的法律思维，从而埋下法律隐患，例如在签订合同、洽谈业务的过程中，没有用法律武器保护自己，不仅无法维护合法权益，还得继续履行相关义务吃"哑巴亏"。法律知识的匮乏、法律意识不强是大学生创业风险形成的又一主要原因。

案例分享

创业失败又背债

秦某在上海大学读大四时，通过熟人与中国联通上海分公司一级代理商上海美天通信工程设备有限公司（以下简称美天公司）取得联系，得知该公司正在推广CDMA校园卡业务。秦某认为可以发动同学、老师购买，是个可以轻松盈利的好机会。

由于该公司要求必须与以公司为主体的对象来签协议，秦某和几个同学在家长的帮助下，注册了上海想云科技咨询有限公司（以下简称想云公司），以该公司的名义与美天公司签署了《CDMA校园卡集团用户销售协议书》。

在同学和老师的宣传下，秦某的生意很红火，一共发展了4 196名用户。想云公司可从美天公司获得10余万元的回报。

但是美天公司给秦某支付了2万元钱后，中国联通上海分公司发现想云公司递交的客户资料中有几百份是虚假的，有一部分根本不是校园用户，有的是冒用他人的身份证，最终形成了大量欠费。美天公司为此得赔偿联通442户不良用户的欠费52万余元，联通还扣减了美天公司406部虚假用户和不良用户的手机补贴款36万余元。美天公司将秦某起诉到法院，要求想云公司及秦某承担上述赔偿款项，另赔偿美天公司406部虚假、不良用户手机的补贴差价6万余元，未归还的手机价款15万余元和卡款5 100元，总计100万元左右。

经过一审和二审，法院认定秦某借用想云公司名义与美天公司签订销售协议，协议书上是秦某的签名和想云公司的公章，并无想云公司的其他人员参与，故秦某与想云公司共同承担100万元的赔偿责任。由于想云公司本来就是为这项业务成立的公司，加上经营亏损，已被吊销营业执照，秦某成了债务承担人。一分钱没挣到的秦某反而背上了100多万元的债务。

（三）大学生防范创业风险的对策

1. 项目选择要谨慎

目前，大学生创业项目多集中在高科技领域和智力服务领域，如软件开发、网络服务、家教中介、设计工作室等。大学生决定创业之前，选择好合适的创业项目至关重要。要选择既有市场需求又符合自己的创业项目。具体来讲，大学生既要客观分析自身的创业条件，又要冷静地分析创业环境，立足于技术项目，尽量选择技术含量高、自主知识产权明确的项目，并在技术创新的基础上做好产品市场化工作。在选择创业项目过程中切忌盲目跟风，一定要选择自己最熟悉、最擅长、最有经验、资源最丰富的项目开始创业。

2. 资金管理要科学

创业初期，通常情况下创业者的资金都比较缺乏或十分有限，但很多大学生创业者没有深厚的金融知识功底和足够多的商场经验，创业企业内部也没有财务方面的专业人员，很难对有限的资金进行科学的财务预算和管理。创业者只知道创业初期很多地方要花钱，但不知道怎么花，该不该花，哪里必须花，哪里可以省，很多都是不顾后果地乱花，等发现资金短缺已经为时已晚。所以，创业初期对资金的管理要科学，要有可操作性的财务预算编制和预算管理，要规划好每个需要花钱的地方，使得有限的资金用在刀刃上。

3. 技能准备要充分

创业技能准备不足，缺乏从企业视角整合资源、实施管理的能力，将大大影响大学生创业的成功率。要想成功创业，就要培养企业家精神和团队合作精神，提升创业心理素质，提高解决问题能力、信息收集能力、环境适应能力以及研究和完成项目的能力，要具备必要的创业知识，敢于创业、勇于创业，最好先经历实践的磨炼，利用业余实践创立一些投资少、见效快、风险小的实体，提高创业能力、适应社会的能力，通过实践增加创业体验，熟悉社会环境，学会社会交往，避免准备不足，克服创业的随意性。

4. 企业经营要规范

大学生创业企业规模通常不大，在创业初期一定要规范经营、诚信经营、守法经营，创办人必须建立完善的制度章程，并严格按制度章程行事，建立现代企业制度，即使是创业起步阶段，也要制订企业发展的中长期规划，从长远考虑。同时，创业者要认真学习与创业相关的法律内容，避免在风险和利益同时存在的情况下采取赌博心态、投机取巧，用冒险行为代替理性的法律思考。只有懂法、守法、依法办事，才能确保创业企业从小到大、从弱到强地稳健成长。

5. 规模扩大要稳步

当企业顺利度过创业初期阶段并生存下来后，在外部市场竞争的压力和自身成长需要的双重作用下，企业要通过扩张壮大，来增强竞争力和提升价值，这也是大学生创业企业持续健康成长必然的发展方向。但在大学生创业企业成长实践中，急于规模扩张、经营领域扩张、项目扩张，很可能造成企业不能与自身能力、市场需求相协调，使得刚进入成长期的企业在短暂的高速扩张后就很快陷入困境，成为"昙花一现"的企业。因此，盲目扩张是极其危险的，稍不注意就可能血本无归，有计划地稳步扩张才是创业企业有序发展之路。

总之，大学生创业需要果断、审慎地决策，科学、规范地运作，准确、及时地风险规避，这样才可能在实践中稳步前进，取得创业的成功。

案例分享

广告用语需谨慎

安徽某高校一名销售汽车数码零部件的创业大学生，因为其在某网销平台营销宣传时，使用了"史上最低价""全网最低价"等字眼，市场监督管理部门认定构成虚假宣传，罚款20余万元并责令停止经营。在网络平台上的宣传也属于广告范畴，所以，创业者需要了解相关的法律规定并严格遵守，以避免触及法律底线。

小贴士：

《反不正当竞争法》

第八条　经营者不得对其商品的性能、功能、质量、销售状况、用户评价、曾获荣誉等作虚假或者引人误解的商业宣传，欺骗、误导消费者。

《广告法》

第二十八条　广告以虚假或者引人误解的内容欺骗、误导消费者的，构成虚假广告。

广告有下列情形之一的，为虚假广告：

（一）商品或者服务不存在的；

（二）商品的性能、功能、产地、用途、质量、规格、成分、价格、生产者、有效期限、销售状况、曾获荣誉等信息，或者服务的内容、提供者、形式、质量、价格、销售状况、曾获荣誉等信息，以及与商品或者服务有关的允诺等信息与实际情况不符，对购买行为有实质性影响的；

（三）使用虚构、伪造或者无法验证的科研成果、统计资料、调查结果、文摘、引用语等信息作证明材料的；

（四）虚构使用商品或者接受服务的效果的；

（五）以虚假或者引人误解的内容欺骗、误导消费者的其他情形。

实训任务

任务一

实训主题	寻找创业机会比赛		
实训内容	1．掌握创业机会的挖掘途径； 2．提高市场洞察力和发现市场机会的能力； 3．熟悉创业机会识别		
实训流程	**时间 （30分钟）**	**要求**	**注意事项**
	5分钟	1．学员进行分组； 2．每组选一名组长，负责协调； 3．宣读比赛规则，每个小组以"T恤"为对象，运用头脑风暴法寻找创业机会，然后各组将所能想到的创业机会写在纸上。发现创业机会最多的小组为胜者	小组分组可以采取抽签的方式进行
	15分钟	1．全组成员仔细阅读比赛规则； 2．组内成员分享自己的看法，组长负责记录； 3．组内总结所有成员的发言，选出一人做好课堂分享准备	1．各组要注意商业信息的保密。教师为比赛做裁判，要剔除明显不具有可行性的创业机会； 2．组与组之间不进行任何形式的交流； 3．讨论时注意倾听和思考他人的看法
	10分钟	1．每组选一人在课堂上分享"身边的创业机会"； 2．教师针对各组分享的内容进行总结点评，并带领学员识别、细化创业机会	
实训总结	**教师点评内容**		
	学生实训心得		

任务二

实训主题	5元创业大赛
实训目标	1. 培养商业竞争意识、团队协作意识； 2. 熟悉发现创业机会的途径； 3. 开发创新思维、提升核心竞争力

实训流程	时间 （课下完成）	要求	注意事项
	90分钟起	1. 以小组为单位，各组有5元创业资金，从开始到结束历时一周，在后期不追加资金投入的情况下，合理经营，以赚得更多的钱为目标； 2. 随机分组，以小组形式组织比赛，每组4～5人为宜，各组男女比例尽量均衡； 3. 在比赛实施过程中，教师要对各组开展的创业项目进行跟踪，并随时记录各组创业过程中发生的问题，各组要有一名成员撰写创业日记，在比赛开始后记录本创业团队的活动过程； 4. 召开总结表彰会议，一是评比各组比赛成绩，各组以赚取的钱数多少定输赢（剩余的产品或服务不算），对比赛成绩较好的组进行表彰（可评选公益创业奖和优秀创新创意奖等）；二是各组交流比赛心得感悟，教师总结提炼； 5. 分享讨论 （1）各组分别选择了哪些创业项目，选择的原因有哪些； （2）活动过程中遇到过的最难的3件事是什么，最后是否成功克服困难，有什么样的感悟； （3）如果比赛再来一次，你们组是否可以做得更好，计划从哪些方面做出改进	1. 各组撰写创业日记时，需实事求是、每日更新； 2. 课堂上90分钟的实训时间远远不够，比赛具体实施过程需要课下完成

实训总结	**教师点评内容**
	学生实训心得

单元六 创新商业模式

✕ 学习目标

通过本单元的学习，学生应能够：

◆ 明确商业模式在创业中的地位和作用；

◆ 学会使用商业模式画布分析和设计商业模式；

◆ 理解创新商业模式是解决企业发展问题的重要途径；

◆ 自觉遵守创业规律，积极投身创业实践，努力培养创新能力。

✕ 知识导图

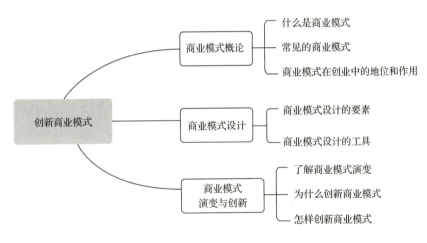

✕ 单元引例

洗衣店的单边平台模式

　　传统的洗衣店一般采取"直营+连锁加盟"模式。各个分店采购设备，收取客户衣物并在店内洗涤。这种模式对分店的要求比较高，容易遇到以下瓶颈。第一，产能利用率不足。每个分店的面积至少需要一百多平方米，除一些开在多个小区接合点的分店之外，大部分分店很难充分利用产能。第二，优秀店长匮乏。分店需要处理收取、洗涤、配送、分发等多项服务，工作人员多，管理难度提升，对店长的要求也会比较高，使得优秀店长的供给成了很大的瓶颈。第三，优秀店铺稀缺且租金高昂。近年来，由于零售终端竞争激烈，小区附近较好地段的店铺租金急剧上涨。第四，存在劳动力成本上涨、现金流无法集中等瓶颈。

"直营+连锁加盟"模式表面上看是一对多，但界面比较简单，总部与分店之间的联系较为薄弱，存在"总部弱、分店强"，总部掌控能力不足的情况。实践证明，在小区采取"直营+连锁加盟"模式的洗衣店成长都比较困难。

有一家公司，按照单边平台的构型设计，对洗衣店的业务活动环节进行了分割，开创了一种新的商业模式——"非常4+1"。这家公司把洗衣店的业务活动切割为收取衣物、洗涤衣物、集中派发衣物、分散派发衣物4个环节，把收取衣物和分散派发衣物配置给小区分店（收衣店），而把洗涤衣物配置给集中的洗涤中心，集中派发衣物是洗涤中心与收衣店的交易界面。每天下午，洗涤中心的物流车按顺序前往4个收衣店，派发前一天洗涤好的衣物，收取下一天要洗涤的衣物。

调整模式后，上述问题基本得到解决。第一，1个洗涤中心配备4个收衣店，产能匹配。第二，洗涤中心投资、运营家庭化，管理更为集中和专注，效率更高。去掉收衣环节的洗涤中心，自然也降低了对店长的要求。第三，收衣店投资选址门槛和用工成本下降。收衣店只需10平方米就可以开工，一些退休老人或者赋闲在家的家庭主妇就可胜任，招工难度和用工成本降低。第五，联网卡可实现现金集中流。第六，可复制性强。

资料来源：魏炜、李飞、朱武祥《商业模式学原理》，有删减

任务一　商业模式概论

随着社会经济的快速发展，商业模式愈发成为企业家和投资者最重视的领域之一。各领域、各行业都对商业模式设计及创新表现出巨大的热忱和关注。中国股票市场创业板对上市企业提出的"两高六新"标准，其中的一个"新"就是指新商业模式。

有实证研究表明，比起单纯的产品创新或工艺创新，商业模式创新更具有成功的潜力。波士顿咨询公司的一项研究显示，在为期5年的实践里，商业模式创新者比同一时期产品或工艺创新者要多获得超过6%的利润。IBM公司的研究也显示，那些表现卓越的行业管理者们对其所管理的公司商业模式的创新频率是经营不善者的两倍。此外，波士顿咨询公司和麻省理工学院斯隆商学院在2013年合作开展的一项研究也表明：企业商业模式创新是实现创新和持续发展的关键因素。

商业模式一跃成为企业获得成功的重要基础，是企业快速发展的核心要素，也是评价与甄别企业优劣的关键标准。那么，究竟什么是商业模式？它有哪些常见的类型？好的商业模式究竟会给企业发展带来怎样的助力呢？

一、什么是商业模式

商业模式是指企业根据自己的战略资源，结合市场状况与合作伙伴的利益要求，为客户创

造并传递价值而设计的一种商业运行方式。简单来说，商业模式就是利用某种运作方式实现企业盈利。实践表明，企业能否长期发展、做大做强，很大程度上取决于是否具有可持续盈利能力的商业模式。随着市场变化和客户需求提升，企业要想获得稳定发展和长期收益，需要不断整合资源，创造出新的价值，持续创新商业模式。

早在20世纪50年代，美国人就提出了"商业模式"的概念，但直到40年后（20世纪90年代）才流行开来。进入21世纪，网络经济兴起之后，商业模式才真正登上了商业实践和学术研究的舞台。有观点认为，商业模式是帮助企业赚钱的运作方式，可以视为一种赚钱的工具模型；也有观点认为，商业模式是被设计用于充分利用商业机会，以客户价值创造为核心的活动系统；还有一些观点认为，商业模式可以描述为一种为企业创造价值、传递价值、获取价值的逻辑系统。商业模式的含义如图6-1所示。

图6-1 商业模式的含义

实际上，盈利模式仅仅是商业模式的一个构成部分。商业模式的设计与创新解决的是企业这个组织如何持续地获取竞争优势，以及如何进行自我革新等问题。它为企业的内外部各种利益相关者提供一个联络各方交易活动的纽带。可以说，商业模式就是企业如何利用自身资源，在一个特定的包含物流、信息流和资金流的商业流程中，将产品和服务提供给客户，并收回投资、获取利润的解决方案。它是利益相关者的交易结构，描述了企业如何创造价值、传递价值和获取价值的基本原理和实施过程。

创业的过程往往是充满艰辛的。创业者常常面临产品或服务升级、信息更新、资源获取、成本控制等问题，可能会有不同的解决方案。哪种解决方案能够最有效地利用资源创造价值，促使企业持续运转，实现利润最大化？有没有成功的商业模式可以借鉴？这里介绍几种非常具有代表性的商业模式。

二、常见的商业模式

（一）加盟型商业模式

一些拥有出色产品或服务的企业，为想要从事和自己相同业务的商家提供"做同样业务的权力"，这称为加盟型商业模式。授权方被称为总部或加盟特许方，权利被授予一方则称为加盟方。很多便利店、快餐店、奶茶店就是典型的加盟型商业模式，例如邻几便利、苏客快餐、CoCo奶茶等。

一般来说，加盟店的总部能够授予的权利有：使用连锁名称的权利；售卖同款产品或服务的权利；使用经营技术知识的权利等。加盟方需要为上述权利的获得向总部支付加盟费或专利使用费，同时还要承担开店所需要的资金、人力成本等。对加盟方来说，付费后就可以使用总部的品牌、商标、经营管理技术，一定程度上增大投资创业的成功概率。对总部而言，不仅不用任何资金投入，还可以持续收取加盟资金，既可以实现店铺数量显著增加，又能够提高市场占有率、扩大品牌影响力。从客户角度来看，只要是在同一品牌店消费，都可以享受到相同品质的产品或服务。

（二）长尾式商业模式

长尾式商业模式（Long Tail Business Model）是由克里斯·安德森（Chris Anderson）提出的概念，指的是通过销售大量不常销售的长尾产品来获利的商业模式。传统的商业模式通常聚焦热门产品的销售，忽视那些销量较低、市场需求较小的产品。长尾式商业模式的形态与典型的"二八原则"完全不同，它能够赋予一部分消费者非常独特的一个好处，将不太畅销，甚至有些滞销的产品和有需求的人进行匹配，使他们能在更广泛、更多样的产品体系里找到满足个人需求的产品，从而提高销售额。

随着时代发展，客户个性化需求越来越强烈。互联网行业兴起，解决了店铺商品陈列受限的问题，降低了传统零售渠道的成本和难度，使得销售长尾产品变得更加可行和有利可图，为长尾式商业模式的运用提供了机遇。长尾式商业模式在电子商务领域的应用示意图如图6-2所示。

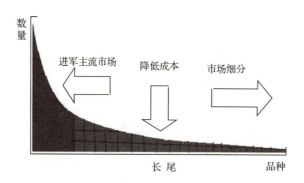

图6-2　长尾式商业模式在电子商务领域的应用

（三）平台型商业模式

平台型商业模式的关键是建立一个开放的、可持续发展的平台，以实现多方参与和价值创造。随着信息技术和互联网技术的发展，现实经济生活中广泛存在这样一类企业，它们向两边用户提供产品或服务，并促使两边用户在平台上实现交易，这样的平台被称为"双边平台"，形成的市场被称为"双边市场"。双边平台如网络购物平台淘宝网、电子支付平台支付宝等。可以说，平台型企业是链接利益相关者的桥梁。根据除焦点企业外的利益相关者类型的多少，平台型商业模式可分为单边平台型、双边平台型和多边平台型。

苹果数字音乐——长尾式与平台型商业模式的结合

与品种少却销量大的热销产品模式相反，长尾式商业模式的特点是专门供应销量小却品种丰富的产品。长尾理论认为，当商品的存储、流通、展示更加便捷且成本低廉，以至于人人可以生产此类商品时，那些原本无人问津的商品也会变得有需求。不仅如此，滞销品的销售额往往成聚沙成塔之势，累计量非常可观，不仅能获得与大众产品同等的利润，甚至超过畅销品的销售额。

苹果公司首创iPod+iUunes数字音乐销售模式，将数字音乐播放器和数字音乐商店"软硬结合"，将数字音乐产业中长尾理论的三种力量结合起来，发挥到极致。一是音视频编辑软件及个人计算机普及，音乐创作的门槛不断降低，使得数字音乐生产者和数字音乐产品大大增加。二是数字化技术、存储技术让个人消费更多的音乐成为可能。三是数字音乐的互联网传输降低了用户寻求个性化产品的搜索成本。依据消费者的搜索习惯和购买行为而设计的智能搜索引擎和产品推荐系统，以及苹果在线商店提供的海量选择，不仅仅为苹果公司带来了巨额利润，还成功赢得了消费者的忠诚度。

苹果公司以iTunes的出现为起点，通过iTunes链接iPod用户提供高质量的正版音乐试听体验，为唱片公司提供正版音乐的创新销售渠道。而iTunes带给苹果公司的则是对iPod销量的巨大拉动。2008年，苹果公司对外发布了针对iPhone的软件开发工具包，供用户免费下载，方便第三方应用开发商开发针对iPhone的应用。随后，苹果App Store上线。这是一项被誉为苹果公司发展史上最具开创性意义的发明，也是平台型商业模式成功的典范。平台上大部分应用的价格较低，且有相当一部分应用是供用户免费下载，以吸引到大批用户。用户支付的费用由苹果公司和应用开发商分成，这对于第三方开发商和个人开发者而言有着极强的吸引力，既调动了开发者的热情，又丰富了iPhone的应用。苹果公司凭借多边平台型商业模式展现的强大竞争力让很多公司望尘莫及。

（四）剃刀和刀片模式

剃刀和刀片模式又称为"诱饵和鱼钩"免费营销商业模式。在这种模式中，基础产品通常以低于成本的价格廉价出售或赠送，而与其配套使用的附属产品则以高价出售，成为企业最主要的收入来源。

惠普公司在1984年推出世界上第一台私人用途的喷墨打印机ThinkJet时，就应用了剃刀和刀片模式。与昂贵的工业用打印机不同，ThinkJet售价低廉，对于普通人而言是一款经济实惠的家用打印机。对惠普公司而言，出售打印机就是抛出的诱饵，而高价售出的打印机墨盒则是鱼钩，吸引大批消费者为之买单。这种商业模式一直应用至今，尤其是在一些以出售耗材为主要收入来源的企业。

（五）附加商业模式

附加商业模式是一种非常复杂的标价策略。它是通过低价供应基础产品，提高附加产品价格，以保证整个商品的销售总价上升。企业向客户提供基础产品后，将是否购买附加产品的决定权交由客户，让他们感觉自己既有选择的自由，又可以根据个人喜好来定制专属产品。客户往往乐意付出比购买相似竞争产品更高的费用。附加商业模式是否能应用好，取决于定价策略以及基础产品，比较适用于产品难以分类且客户喜好存在巨大差异的市场。

最优秀的商业模式往往是最简单的商业模式，是最容易与其他企业形成差别且易于实施的商业模式。上述几种常见的商业模式就是很好的例子。它们有着创新性、价值独特、难以模仿、行业领先等特点，帮助企业仅仅通过一次产品更新或服务升级就将客户牢牢地吸引住，使之成为企业收入的稳定来源。然而，其他企业想要加入分一杯羹，却往往会因信息、技术、资源、合作伙伴等因素被拒之门外。一些企业拥有多项资源和技术，为了更好地创造价值、服务客户，甚至会同时使用多种商业模式，从而巩固企业在竞争中的绝对优势。

三、商业模式在创业中的地位和作用

奥地利裔美国著名经济学家约瑟夫·熊彼得（Joseph Schumpeter）早在1939年就指出："价格和产出的竞争并不重要，重要的是来自新商业、新技术、新供应源和新商业模式的竞争。"管理大师彼得·德鲁克也认为"企业间的竞争归根到底不是产品与产品的竞争，也不是服务与服务的竞争，而是商业模式对商业模式的竞争。"

商业模式是企业将创业机会落实到商业行动过程中的重要一环，起到承上启下的作用，有着不可小觑的重要地位，如图6-3所示。如果说战略决定企业的未来发展方向，那么商业模式则是实现企业的定位、创造、传递并获得期望价值的运作系统，以支持企业的战略性发展。商业模式的选择可以促使创业者缜密地思考市场需求、产品生产、分销渠道、成本控制等方面问题，将商业的所有元素协调成一个有效、契合的整体。

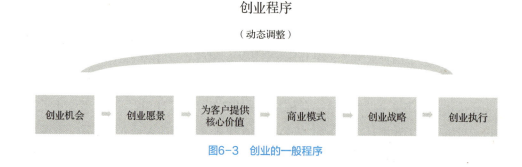

图6-3　创业的一般程序

（一）解决企业实际问题

好项目是成功创业的必要前提，它的落地执行离不开商业模式的推动。商业模式是企业竞争制胜的关键，它的好坏是关系到企业生死存亡、兴衰成败的大事。企业要想获得成功，就必须从设计一个好的商业模式开始，新企业是这样，发展期的企业也是这样，成熟期的企业更是如此。

商业模式的作用是在原有的或新环境条件下，发现新的市场机会，吸收和整合企业可以使用的内外部资源，通过各种创新加以挖掘和利用，从而为投资者和包括客户、合作伙伴在内的利益相关者创造更多的价值。商业模式解决的企业实际问题如图6-4所示。

图6-4　商业模式解决的企业实际问题

（1）加大市场开拓。好的商业模式能够通过确定受众群体、产品定位和营销策略等关键要素，提供符合客户期望的产品和服务，提升客户体验和口碑，更好地开拓市场。

（2）促进产品销售。好的商业模式通过设置合理的奖金、佣金机制来激励渠道商和代理商，有效促进产品销售的同时，建立客户关系管理系统，提供个性化的产品推荐和购买引导，提高客户转化率和复购率。

（3）提升盈利能力。有效的商业模式可以使企业从竞争激烈的市场中脱颖而出。通过不断创新和优化，企业能够不断提升产品的附加值和竞争优势，增强市场竞争力。同时，商业模式的合理设计和运营管理，可以降低企业成本，提高资源利用效率，增加盈利能力。

（4）实现差异化竞争。商业模式的灵活性使得企业可以根据市场需求和竞争情况，发现和挖掘客户的真实需求，关注客户的体验和个性差异，提供独特的产品和服务，吸引目标客户并建立品牌忠诚度。

（5）保持可持续发展。商业模式的建立可以为企业提供风险缓冲。通过建立稳定的收入来源和客户群体，企业可以更好地应对外部环境的变化，降低经营风险，保持竞争力并实现可持续发展。

（二）衡量组织是否可行

每一个有生存能力的组织都有一种能够创造价值的商业模式。然而，同一个项目面前，拥有同样资源的企业也会因组织的不同而出现截然不同的局面。有的在实践活动后大获成功，有的总是与失败不期而遇，轻则竹篮打水一场空，重则一蹶不振、倾家荡产。因此，在实施创业前衡量现有组织是否可行就显得十分必要。商业模式就是这个最佳的衡量标准。它囊括了对组织内部结构、业务系统、重要资源以及合作伙伴的详细描述，即使在相同的资源禀赋基础上，商业模式带来的交易结构变化可以实现价值增值。

（三）冲破企业发展瓶颈期

企业发展的两个时期，商业模式显得格外重要：一是初创企业进入一个成熟市场时；二是成熟企业寻求提升突破时。初创企业想要进入一个成熟市场，通常无法采用这个市场已有的套路来与早已占据优势地位的大企业进行竞争。要想有所突破和斩获，初创企业就必须找到新的利益相关者和新的交易结果，建立一种全新的商业模式来实现产品或服务的差异化，带给客户以出其不意的创新表现。一个成熟企业发展壮大到一定程度，常常会面临即便在管理上全力推动业务发展却难以更上一层楼的困局。与此同时，企业还要时刻留意有后来者居上的情况。这种形势下，与其在管理模式上较劲，不如回头审视尘封已久的商业模式，思考是否可以通过完善商业模式的要素结构，不断优化商业模式，创造出新的价值，从而使业务活动得以改善，或许能够"柳暗花明又一村"。

（四）完整展现企业愿景

企业愿景决定了企业的发展思维。何时？何地？为何？有什么资源？与谁合作？为谁提供？提供什么？获利如何？商业模式能够很好地回答以上问题，向客户、员工、投资人完整地展现出企业愿景。首先，可以让客户清晰地了解企业提供的产品和服务，实现企业在客户心目中的目标定位。其次，让企业员工全面理解企业的目标和价值所在，清楚地知道自己能做的贡献，从而调整自己的行动，与企业目标保持和谐。最后，便于股东更清晰、方便地判断企业的价值及其在市场中的地位变化。

任务二 商业模式设计

商业模式如此重要且有很多成功典范，可否采用"拿来主义"直接使用那些已成功的商业模式呢？答案是否定的。商业模式是企业得以运转的底层逻辑和商业基础，是企业的基石，也是企业的内在价值。企业价值目标的不同、拥有的资源和竞争环境的差异都会使其业务活动系统呈现出极大的差异。哪怕是同一家企业，不同发展时期的需求也是千差万别的。任何企业要想最大程度地获取利益、长期发展，就必须充分考虑市场需求、竞争环境、企业资源、业务活动、管理能力等多方面因素，慎重地设计商业模式。

一、商业模式设计的要素

创业者从觉察创意到发现商机，再到创业项目落地、初创企业发展壮大，是一个充满了风险和不确定性的过程。要想将风险和不确定性降至最低状态，需要设计一种最为适合、最有价值的商业模式来保驾护航，帮助企业分析目前的市场环境、资源状况，帮助创业者做出适合的方案。

伟大的商业模式是一个有生命力的组织的基础。它能够满足客户需求；为企业和企业的合作伙伴创造价值；利用并扩展有价值的功能或资源；提高效率；使企业脱颖而出；在短期内可持续。看看下面这家技术公司可选择的两大类商业模式，思考商业模式该如何设计与选择，以及需要准备哪些要素。

商业模式的设计与选择

某技术公司拥有一项生态肥技术。如何应用好这项有竞争力的技术，让公司获得良好的经济收益呢？这里有两类商业模式可供参考。

第一类，以技术为核心建立工厂，销售化肥。这种商业模式涉及与化肥产业链上各利益主体，包括融资以及与经销商、农户等的交易结构设计。

第二类，与化肥厂合作，采用不同的交易方式获得收益。第一种方式，将技术卖给化肥厂，获得一次性收益。第二种方式，授权化肥厂使用此项技术，收取知识产权使用费。这相当于把技术研发、生产、销售等业务环节加以切割，其中化肥厂负责生产、销售等业务活动环节，而技术公司通过研发控制全局，获得长期收入。第三种方式，把技术封装后，作为核心配方的物料交给化肥厂生产，并使用技术公司的品牌进行销售。这种交易方式将业务环节切割为技术研发、配方封装、生产、销售，将资源能力切割为品牌、资金、产能、销售能力等。技术公司负责技术研发、配方封装等业务环节，拥有品牌的资源能力。

围绕生态肥技术，该技术公司设计出两个大类四种形式的商业模式，如表6-1所示。它们在不同程度上将技术转化为产品或服务，解决了化肥厂等客户群体的现实需求，为企业创造了价值。不同的是，形式各异的产品或服务使得交易结构发生变化，主要差异体现在业务系统的构型、现金流结构、收支方式等参数上。改变交易结构中的这些参数，就会形成形形色色的商业模式。

表6-1 商业模式的设计与选择

商业模式	业务活动	特点	交易（合作）对象
第一类	建立工厂	自产自销	经销商、农户
第二类	技术转让	一次性收益	化肥厂
	技术授权	多期收入	化肥厂
	建立品牌	长期收益	化肥厂

第一类商业模式是凭技术建厂，将研发成果运用到生产、销售全过程。这种商业模式适合

具备基本生产条件、建立了销售渠道的生产型企业。第二类商业模式是通过合作的方式，或将研发、生产、销售等业务活动做分割，或将资源能力进行划分，供技术公司择其一或其二。这种商业模式更适合那些主攻技术的研发型企业。可见，商业模式设计因企业需求而变，涵盖价值创造、关键资源、盈利模式、业务系统等要素，如图6-5所示。

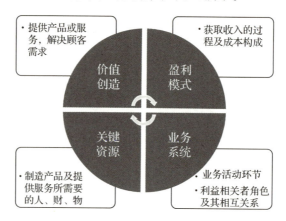

图6-5 商业模式设计要素

商业模式的设计离不开对交易结构的梳理。当资源和交易能够匹配需求并合理分配时，商业模式设计就能够更好地捕捉、创造价值。商业模式设计的要素准备如下。

（一）明确价值定位和交易内容

列出企业最突出的3个客户群体，寻找可以带来最大收益的客户群体，描绘为特定细分客户所创造价值的系列产品或服务。交易内容可以是产品或服务，也可以是设备厂房等生产要素，还可以是数据、品牌、资质、渠道，甚至可以是规划设计、营销、风控等经营能力。常见的交易内容有原料、半成品、产品、服务、信息等。

（二）掌握关键资源

关键资源包括企业自身资源和一切可利用的资源。对可交易的内容，要摸清其是否具备制造产品及提供服务所需要的人、财、物。这是开展各项业务活动的前提和筹码。在设计企业的商业模式前，要判断它需要具备的资源能力，也可以寻找具备这些资源能力的利益相关者谋求合作。

（三）选择盈利模式

盈利模式包括盈利的来源和计价方式，指企业如何获取收入、分配成本、赚取利润。好的盈利模式不仅能为企业带来收益，还能为企业编织一张稳定共赢的价值网。客户怎样支付、支付多少，创造的价值在企业、客户、供应商、合作伙伴之间如何分配，都是设计商业模式过程中选择盈利模式时需要回答的问题。

（四）明确业务系统

业务系统包括企业需要从事的业务活动环节、各利益相关者扮演的角色，以及利益相关者之间的业务交易和治理交易关系的状态。一个高效的业务系统需要根据企业定位识别相关活动，并将其整合为一个系统，再根据企业的资源能力分配利益相关者的角色，确定其与企业相关业务活动的关系和结构。围绕企业定位建立的内外部利益相关者相互合作的业务系统将形成一张价值网络，明确客户、供应商和其他合作伙伴在影响企业通过商业模式获得价值的过程中所扮演的角色。

二、商业模式设计的工具

为了让初学者更深刻地感受到商业模式不同要素之间的关系，研究者们为商业模式的分析和设计提供了一套可视化的工具——商业模式画布。商业模式画布是商业模式研究向前迈出的重要一步。第一，它合理且有效地整合了学者们关于商业模式的研究。第二，它为组织对特定商业模式的思考和讨论提供了一种有效的视觉机制。第三，它强调设计、评估和改变商业模式的一个关键问题是如何将这些元素结合在一起，而不仅仅是明确元素是什么。商业模式画布为思考、讨论、设计商业模式提供了一种有效的视觉机制，成为了解商业模式最直接、最快速、最系统化的方式，是分析商业模式完整性、可行性的实用工具。通过商业模式画布，我们可以深入了解客户群体、企业价值定位以及传递渠道、企业盈利模式之间的关系。在实际操作中，商业模式画布不仅仅用于梳理企业自身，还常常用来分析竞争者。

商业模式画布的商业模式设计方法是右脑形象化设计的方法。为什么要用商业模式画布进行可视化设计？这是因为商业模式的元素众多，且相互影响，必须将商业模式作为一个整体看待才有意义。否则，我们很难捕捉到商业模式的全貌。通过可视化地描绘商业模式，将其中的隐形假设转变为明确的信息。这使得商业模式明确而有形，并且讨论和改变起来也更清晰。视觉化技术赋予了商业模式"生命"，并能够促进人们的共同创造。

需要澄清的一点是，一个组织的"真正"商业模式最终只有在其各种资源和活动（交易）实际运营中组合起来成为企业的功能时才会实践。仅仅靠一张商业模式画布是无法明确商业模式如何启动、能否启动以及何时启动的。说到底，这些工具只有在进行商业模式实践的时候才看得出到底多有效。

（一）奥式商业模式画布

商业模式实践中最重要的进步来自亚历山大·奥斯特瓦德在《商业模式新生代》一书中提出的商业模式画布。通过与数百名经理、创业者和学者的讨论，奥斯特瓦德开发了一套相对简单的商业模式元素，并为绘制这些元素做出了一套美观的设计。

奥氏商业模式画布包含9个模块：客户细分、价值主张、渠道通路、客户关系、收入来源、核心资源、关键业务、重要合作、成本结构，如图6-6所示。整个画布基于"为谁提供""提供什么""如何提供""如何赚钱"4个视角考虑，各个模块之间相互关联、相互影响。绘制奥氏商业模式画布可以帮助企业催生创意、减少猜测，设计出清晰完善的商业模式。下面依次介绍奥氏商业模式画布的绘制环节。

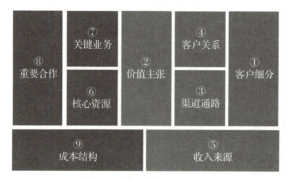

图6-6　奥氏商业模式画布

1. 确定目标用户

通过客户细分，找到企业想要接触和服务的人群或组织。这一环节需要弄清楚4个焦点问题，如图6-7所示。

图6-7　客户细分焦点问题

细分客户群体是在一定条件下生成的。一是这些客户的需求催生了一项新的供给。二是需要建立一个新的分销渠道。三是需要建立一套新的客户关系类型。四是细分后的客户群体所产生的利润率显著不同。五是客户愿意为某方面的特殊改进而买单。

一般来说，大众市场（Mass Market）基本不会区分客户群体。组织会将一个庞大的群体需求和问题模糊化，以相同的方式向市场上所有的客户提供相同的产品和进行信息沟通，即大量生产、大量分销和大量促销。例如几乎不变的可口可乐，尽管有些人喝可乐会有不同爱好，甜一点或者无糖。小众市场（Niche Market）属于具体的、专门的市场。例如，很多汽车零部件制造商依赖于来自主流汽车制造商的采购。求同存异的客户群（Segmented Market）往往有同样的问题，但是需求有些许区别。例如，银行将不同信贷金额的客户进行划分，分为企业级或个人，等等。多元化的客户群体（Diversified Market）面对需求和问题迥异的群体，采用的方式却是一样的。例如，使用网络云盘的客户，需求可能是共享，也可能是存储。多边市场（Multi-sided Markets）服务两个或多个群体，往往采用一些网络平台的方式。

就Uber而言，它的细分客户群体主要是两大类。

一是普通用户群体：没有车；不想驾驶他们的车去做些不重要或不方便驾车的事；想拥有VIP一样的感觉，可以时髦地旅行；想随时随地拥有一个高性价比的出租车服务。

二是司机群体：有车而且想挣钱；喜爱驾驶的人；希望被称作合作式参与者，而非司机职员。

2. 提出价值主张

通过提出价值主张，满足细分客户群体的需求，解决他们的问题，提供一系列有价值的产品或服务。这一环节需要弄清楚4个焦点问题，如图6-8所示。

焦点问题
1. 向客户传递什么价值？
2. 帮助客户解决哪一类难题？
3. 提供怎样的产品和服务的组合？
4. 如何提供差异化、有针对性的价值？

图6-8　价值主张焦点问题

产品或服务的价值可以从这些方面产生（但不局限于这些方面）。

- 新颖。为客户提供新式的体验和服务，例如迪士尼提供家庭客户的上门行李寄送服务。

- 性能。改善产品和服务的性能也能创造价值，例如手机、计算机等电子类产品不断地提升性能以吸引客户再消费。

- 定制。定制化以满足客户的特殊需求，例如淘宝针对于不同行为习惯和生活方式的购买者定制投放不同广告。

- 完美体验。把事情做好，创造优质的体验，例如海底捞宾至如归的服务。

- 设计。通过设计的差异性，为产品增加附加价值，例如一些小众设计的服装、珠宝企业。

- 品牌。通过使用或显示某一品牌来表现身份，例如Supreme给购买者带来的潮的身份标识。

- 价格。以更低的价格提供同质的服务也能创造价值，例如小米手机、廉价航空公司。

- 成本缩减。帮助客户削减成本，例如强调没有中间商赚差价的瓜子二手车。

- 风险控制。帮助客户抑制风险，例如稳定收益的基金、保险。

- 便利性或实用性。使事情更方便或易于使用可以创造可观的价值，例如便携式物品、外卖服务。

Uber的价值主张如下。

用户：最少的等待时间；与出租车相比更低的价格；可以预知到达时间；可以在地图上看到行车轨迹。

司机：就业机会与另一种收入来源；灵活的工作时间和可以兼职的工作；简单的支付流程；在线上就能得到报酬。

3. 将客户和企业的价值主张连接起来

渠道通路即企业对接客户或者客户接触企业的分销渠道、路径、平台等。这一环节需要弄清楚4个焦点问题，如图6-9所示。

图6-9　渠道通路焦点问题

渠道类型主要分为自有渠道（线下、网络、自有店铺或平台）、合作方渠道（合作方店铺、批发商）。这些渠道的建立都需要考量以下5个方面的因素。

- 知名度：如何扩大产品和服务的知名度以向目标客户传递企业的存在？
- 评估：如何帮助客户评估企业的价值主张？
- 消费：客户如何购买到产品和服务？
- 传递：如何向客户传递企业的价值？
- 售后：如何向客户提供售后支持与帮助？

对应上述流程，渠道通路一般有以下作用。第一，提高企业知名度，使客户更加了解企业的产品和服务，将流量转化为客户消费，例如淘宝的广告。第二，帮助客户评估企业的价值主张，从而选择企业的产品或服务，例如邻几社区连锁便利店。第三，提供更多消费点，使客户便于购买产品和服务，发生消费行为。第四，向客户传递价值主张、解决问题、实现需求。第五，向客户提供售后支持，例如汽车4S店的售后服务中心。

就Uber而言，它的渠道通路为网站、移动端应用（Android系统和iOS系统）。

4. 与客户建立关系

企业要主动建立与每个客户群体的关系。这种关系可能是单纯的交易关系，也可能是通信联系，也可能是为客户提供特殊的接触机会，还可能是为双方利益而形成某种买卖合同或联盟关系。这一环节需要弄清楚4个焦点问题，如图6-10所示。

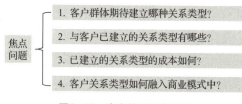

图6-10　客户关系焦点问题

一般来说，企业与客户建立关系，主要是为了稳定老客户、开发新客户、提高消费率、增加销量。常见的关系类型有很多，具体如下。

- 私人助理。这种关系类型基于人与人之间的互动，例如客服、导购。
- 专属私人助理。这种关系类型包含了为单一客户安排的专门的客户代表，是层次最深、最亲密的关系类型，通常需要较长时间来建立，例如私人医生。
- 自助服务。企业与客户不存在直接的关系，只是为客户提供自助服务所需要的所有条件，例如ATM、自助售票机。

- 自动化服务。相比自助服务，自动化服务整合了更加精细的自动化过程，例如定制投放的广告。

- 社区。利用社区与客户、潜在客户建立更为深入的联系，并促进社区成员间的互动，例如贴吧、豆瓣。

- 共同创造。这种关系类型超越了传统的客户与供应商关系，更倾向于和客户共同创造价值，例如知乎、大众点评。

除此之外，在营销学中，客户关系也可分为买卖关系、供应关系、合作伙伴关系、战略同盟关系等。

就Uber而言，它的客户关系有以下几种类型。

合作伙伴：与司机达成一个类似于合作伙伴的形式。

自助服务：用户和司机通过App和网站自助式注册和使用。

共同创造：用户和司机参与反馈与评价系统，以优化平台，提供更好的服务。

社交媒体：类似于共同创造关系，更多是作为另一种反馈与评价系统。

5. 获取收入来源

收入来源可以是一次性的交易收入，也可以是经常性的收入。这一环节需要弄清楚4个焦点问题，如图6-11所示。

图6-11　收入来源焦点问题

一般收入来源可以分为以下几种。

- 资产收费：较为常见的收入方式，例如房产或一般的商品。

- 使用收费：特定服务收费，例如电信运营商。

- 订阅收费：通过重复使用的收入来收费，例如视频网站会员。

- 租赁收费：将某种资产或商品在固定时间内暂时为他人所有来收费，例如共享单车。

- 授权收费：将受到保护的知识产权或形象等授权，例如专利费用、IP使用费、安卓系统授权、形象代言人。

- 经纪收费：为整合多方利益的中介服务费，例如房产中介费。

- 广告收费：广告宣传推广服务费。

就Uber而言，它的收入来源如下：租金或是抽成；溢价（例如高峰时期的溢价费）；按车型分的价格（针对不同人群的车型提供）；其他通勤服务费（轮渡、直升机等特殊通勤服务）。

6. 掌握核心资源

核心资源既是企业实现价值主张的重要保障，又是整个商业模式得以顺利运行的关键。不同类型的商业模式依靠不同的核心资源。创业者只有明确并掌握核心资源，才能设计出适合自己企业的商业模式。这一环节需要弄清楚4个焦点问题，如图6-12所示。

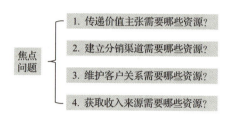

图6-12　核心资源焦点问题

核心资源包括人、财、物在内的一切让商业模式有效运转所必需的重要因素，具体可以分为4个方面资源。

- 实物资源：厂房、设备等有形资产。
- 知识性资源：品牌、产权、形象等无形资产。
- 人力资源：优秀的研发团队、销售人才、管理人员都是炙手可热的人力资源。
- 金融资源：与财务活动相关的一切资源，包括现金、存款、股票、货币市场、存贷款和其他金融产品等。

就Uber而言，它的核心资源为：技术性平台；经验丰富的司机。

7. 开拓关键业务

任何商业模式都需要多种关键业务活动。这些关键业务是企业得以成功运营所必须实施的最重要的动作，是创造和提供价值主张、开拓市场、维系客户关系并获取收入的基础。例如，电信运营商要安装和维护基站。这一环节需要弄清楚4个焦点问题，如图6-13所示。

图6-13　关键业务焦点问题

关键业务活动通常包括以下3类。

- 生产制造，例如传统制造业的核心是生产和制造商品。
- 为个别客户提供解决方案，例如设计公司提供的服务等。
- 与平台或网络相关的关键业务，例如微博要维护自身的服务器。

就Uber而言，它的关键业务有：产品服务发展与管理；市场开拓与用户获取；雇佣司机与管理司机；用户支持系统。

8. 寻找重要合作

寻找重要合作是指为企业寻找合适的供应商与合作伙伴，确保商业模式有效运作。建立合作关系主要有3种情况：一是运用规模经济；二是获取特定的资源和业务；三是降低风险和不确定性。这一环节需要弄清楚3个焦点问题，如图6-14所示。

图6-14　重要合作焦点问题

微课

寻找创业伙伴

常见的合作关系有以下几种类型。

- 在非竞争之间的战略联盟关系；
- 在竞争者之间的战略合作关系，例如手机品牌之间互相授权专利；
- 为开发新业务而构建的合资关系，例如Uber与滴滴；
- 为保证可靠供应的"采购—供应"关系。

就Uber而言，它的合作伙伴包括有车的司机、支付处理系统、地图应用供应商、投资者。

9. 确定成本结构

这是奥氏商业模式画布绘制的最后环节，也是预估一个商业模式是否可行的重要部分。成本结构涵盖了运营一个商业模式所引发的全部费用。如何实现成本最小化一直是众多企业追求的目标。一个清晰明确的成本结构可以帮助企业了解哪些方面要放松控制，哪些方面可以压缩支出，从而降低财务风险，实现创业目标。这一环节需要弄清楚3个焦点问题，如图6-15所示。

图6-15　成本结构核心问题

成本结构一般包括固定成本和可变成本两个部分。

- 固定成本。固定成本指成本总额不随业务量而变，或者单位固定成本随业务量增多反而减小的成本，一般是前期投入。例如产品制造的开模费用，量越大，商品的成本越便宜。
- 可变成本。可变成本随产品数量的变化而变化，一般是实际业务开始后产生的成本。例如购买原材料、电力消耗费用等。

就Uber而言，它的成本结构为技术基础设施、雇佣者薪水、市场开拓与平台推广的花费。

（二）精益模式画布

精益模式画布工具由阿什·莫瑞亚所创建，相比奥式商业模式画布，更加适用于新创业者和处于初创阶段的企业。

设计商业模式需要考虑影响商业模式形成和运转的众多要素。面对纷繁复杂、形式多样的商业活动，如何有效地抓取企业的特色，快速描绘出商业模式的雏形呢？精益模式画布为初创企业提供了一个更为简单、更易绘制的商业模式分析工具，如图6-16所示。

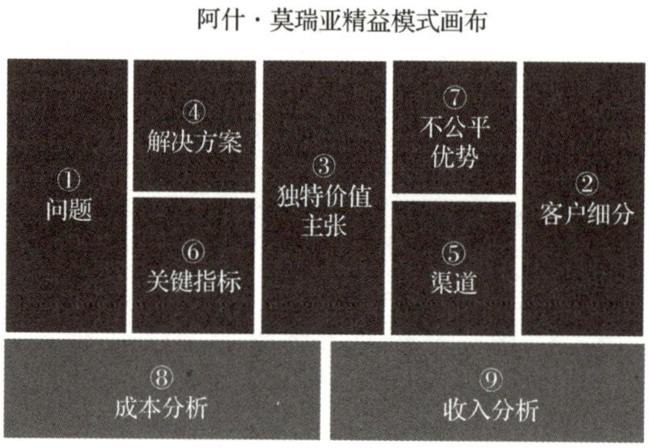

阿什·莫瑞亚精益模式画布

图6-16 精益模式画布

精益模式画布中的一些模块元素与奥氏商业模式画布类似。不同之处在于它更侧重于产品层面的商业模式，以"摆问题"的方式，从系统、商业的角度规划和分析产品，建立全局观。

精益模式画布以产品为主线，围绕客户的需求、特征、购买意愿、购买途径，研讨如何实现产品竞争力，提高销售额。它更适用于初创者在众多的商业模式要素中，集中注意力，重点抓好产品的设计、生产与销售。精益模式画布"摆问题"如表6-2所示。

表6-2 精益模式画布"摆问题"

模块	摆问题
问题	目标客户最需要解决的3个问题是什么？ 客户有哪些痛点？
客户细分	目标客户是谁？ 这些客户有哪些关键特征？
独特价值主张	能否以令人印象深刻的方式介绍出你的产品优势？
解决方案	你的产品能为现存问题找到正确解决方案吗？
渠道	如何将产品或服务送到客户手中？ 如何收取客户的支付款项？
关键指标	哪些数据指标能让你了解产品的真实情况？
不公平优势	如何为产品构建对手无法复制或购买的竞争优势？
成本分析	产品的直接成本和间接成本有哪些？
收入分析	产品如何赚钱？ 产品收入能大于成本吗？ 何时能达到盈亏平衡？

（三）商业模式画布的特点和自查清单

1. 商业模式画布的特点

商业模式画布的优势体现在它的特点上。完整地呈现整个商业过程，从寻找价值到价值创造再到价值传递，前后一致且一目了然，便于相关利益者之间沟通。实用、好用的商业模式画布具备以下3个基本特点。

（1）完整性。虽说画布只有一页纸大小，但它基本可以确定一款产品的商业模式要素，能够让一般人在此模式下对该产品商业模式是否完整、有无疏漏一目了然。

（2）一致性。借助画布能够判断商业模式的各个方面是否一致。例如，合作伙伴的假设与渠道通路的假设是否一致？

（3）易读性。商业模式画布可以清楚地让他人知道企业想要做什么，为什么这样做，以及怎样做到。

绘制完商业模式画布并不意味着商业模式设计的结束。这仅仅是个开始，还需要在反复研讨和实践检验中不断做出评估和调整。

2. 商业模式画布的自查清单

不论是哪种商业模式画布，都不会一次性就完成所有的设计。它需要反复自查，以减少实践过程中可能存在的漏洞。即使是曾经设计得很成功的商业模式，也可能因为企业发展需求的调整，以及外部环境变化而出现不适合的情况，也可以通过商业模式画布自查清单的方式进行调整和完善。

检验商业模式画布设计和使用是否达到预期效果，可以根据商业模式画布自查清单表（见表6-3）进行打分（分值从-5分"非常差"到5分"非常好"），然后有针对性地调整。

表6-3 商业模式画布自查清单

模块	自查内容	项目小组打分									
		-5	-4	-3	-2	-1	1	2	3	4	5
价值主张	价值主张与客户需求一致										
	价值主张有很强的网络效应										
	产品和服务之间有很强的协同效应										
收入	受益于强劲的利润率										
	收益可预测										
	收入来源多样化、可持续										
	先收账款再付各种支出费用										
	定价机制能够被客户接受										
成本	成本可预测										
	成本结构与商业模式完全匹配										
	受益于规模效应										

续表

模块	自查内容	项目小组打分									
		-5	-4	-3	-2	-1	1	2	3	4	5
核心资源	竞争对手很难复制企业的核心资源										
关键业务	竞争对手很难复制企业的关键业务										
重要合作	自主业务和外包业务能够很好地平衡										
	与重要合作伙伴关系融洽										
客户细分	客户细分合理										
	老客户流失率低										
	能够持续不断地赢得新客户										
渠道通路	客户很容易接触到渠道通路										
	渠道通路与客户细分完全匹配										
客户关系	客户关系良好										
	品牌塑造成功										

任务三　商业模式演变与创新

一、了解商业模式演变

商业模式创新本质上是一个帕累托改进的过程。商业模式创新追求的价值增值最大化的交易结构，正是利益相关者在各自机会成本约束下福利最大化的资源配置状态。

商业模式不是静态的。真正伟大的商业模式必须适应组织、市场和行业的变化。如果想要成功创新商业模式，就必须脱离竞争激烈的"红海"，创造出一片"蓝海"，即一个全新的少有他人涉足的市场空间。商业模式创新者的口头禅是"在无意间打败你的竞争对手"。创建一个新的商业模式的唯一办法就是停止关注你的竞争对手们在做什么。要学会看向自己，除去目前已经做的，还能做些什么。

商业模式的演变必然带来经营理念和管理手段的变化。从"百货商店"到"连锁商店"，到"超级市场"，再到"网上商店"，商业零售业态的每一次成功转型都会在管理构架、业务流程、营销策略、专业配置等方面进行科学、合理的调整。

 拓展阅读

商业零售业态的四次转型

零售业第一次革命：百货商店。1852年，一个名叫阿里斯蒂德·布西科的年轻人，在法国巴黎开办了一家百货商店，改变了传统的"作坊式"零售模式，此举被誉为"零售业的第一次革命"。百货商店一直是我国传统零售业的主导业态。秋林公司是我国第一家百货公司，于1900年由俄国人在哈尔滨开设。随后上海南京路上开设的"永安百货""新新百货"一直是我国近代百货公司的典型代表。

零售业第二次革命：连锁商店。1859年，美国大西洋和太平洋茶叶公司建立了世界上第一家连锁商店。连锁商店的出现改变了商业组织的形式，即由单体店向组合店方向发展。我国于20世纪80年代末引进连锁机制，一开始主要用于市场，后来发展到其他零售业态。

零售业第三次革命：超级市场。1930年，一个名叫迈克尔·卡伦的美国人开办了世界上第一家超市——金·库仑。自助的购物方式迎合了顾客的消费心理，薄利多销的促销策略增强了顾客的购买欲望。1991年上海内外联综合商社创办"联华超市"，标志着我国零售业进入一个新的发展时期。

零售业的第四次革命：网上购物。1990年，随着互联网技术和物流技术的发展，网上购物逐渐兴起。网上购物模式突破了传统零售中"人、商品和市场"的时间和空间限制，丰富了产品种类，提供了高度便利，同时通过降低分销水平大大降低了分销成本。

二、为什么创新商业模式

（一）提高创业成功率

市场是变化的，因而商业模式也不可一成不变。企业的商业模式需要根据市场需求和自身的发展进行重塑，而重塑过程中，创新是重要内容。创新既可能包括多个商业模式构成要素的变化，又可能包括要素间关系的变化。适时地创新商业模式，将商业模式调整到最成熟的状态，是企业的必修课。

对于成熟的组织，在日益变化的商业环境中，其转型的关键往往也在于商业模式的不断自我革新。企业发展到一定规模，制约其发展的不仅仅是人才、技术、管理、资金等要素，更重要的是商业模式的选择。商业模式的创新属于企业最本源的创新，其他的管理创新、技术创新都将在此基础上维持可持续发展的可能和盈利的基础。

（二）确保企业竞争力

商业模式不能作为商业秘密隐藏起来，客户、供应商、合作伙伴甚至竞争对手都能获得其部分或全部的细节。现有的商业模式很难长期可行，在一个行业威力巨大的商业模式在另一个行业可能行不通，当情况变化，已经失败的商业模式也可能起死回生。

三、怎样创新商业模式

成功的商业模式不一定是技术上的创新。它可能是对企业经营某一环节的改造，或是对原有经营模式的重组、创新，甚至是对整个规则的颠覆。商业模式的创新贯穿于企业经营整个过程中，贯穿于企业资源开发、研发模式、制造方式、营销体系、流通体系等各个环节。每个环节的创新都可能塑造一种崭新的、成功的商业模式。

"一切服务于客户"是商业模式创新的基本原则。商业模式创新不一定是彻底性的变革，更多的是局部的"微创新"。以商业模式不同的要素为思考的起点，商业模式创新可以采用资源驱动、产品或服务驱动、客户驱动、财务驱动以及多中心驱动等方式来进行。

（一）资源驱动

资源驱动是指源于一个组织现有的基础设施或合作关系的拓展，以改变现有的商业模式。

 拓展阅读

可分拆的阿里云智能集团

众所周知，阿里巴巴"双十一"惊人的数据交易背后，是阿里计算平台承担了支付、保险、借贷、出行、物流等艰巨的计算任务。当内部业务培育的计算能力足够强大后，阿里巴巴开始考虑利用自身能力向外赋能，为传统行业提供"互联网能力"。2009年9月，阿里云创立。它以在线公共服务的方式，向用户提供安全可靠的计算和数据处理能力，产品涵盖存储能力、计算能力、安全能力、人工智能等，旨在让计算和人工智能成为普惠科技。目前，阿里云服务于包括中国联通、12306、中石化、中石油等大型企业在内的制造、金融、政务、交通、医疗、电信、能源等众多领域的用户。

2023年，阿里巴巴集团宣布将阿里云智能集团从阿里巴巴集团完全拆分并完成上市，引入外部战略投资者。这一决定旨在推动云智能集团的发展，进一步强化业务战略和优化组织运营。分拆后的阿里云智能集团将独立面向市场，实现全新的创业征程。

（二）产品或服务驱动

产品或服务驱动是指通过建立新的价值主张来影响商业模式的其他模块，从而形成更有竞争力的商业模式。

 案例分享

苹果的价值主张

在当今竞争激烈的商业环境中，苹果公司作为一家全球知名的科技巨头，不仅在产品设计上不断引领潮流，而且在商业模式上也展现出了非凡的创新能力。

苹果公司专注于设计，以创造独特的体验。苹果公司一直将用户体验置于至高无上的地位。他们深入了解用户需求，并将其融入产品设计和商业模式创新中。从iPhone、iPad到Apple Watch，每一款产品都经过精心设计，用简单易用的界面和优质的功能满足了用户的期望，赢得了用户的喜爱与忠诚。

苹果投入大量资源进行研发，并不断推陈出新，推出颠覆性的产品和技术。每一次创新都引领了行业的发展，为苹果公司赢得了市场竞争的优势。

（三）客户驱动

客户驱动是指基于客户的需求，降低客户获取产品或服务的成本，或提高其便利性。

Manner coffee的产品和服务成本

　　Manner coffee以小面积、轻落地的方式切入上海精品咖啡市场。Manner coffee主打性价比精品咖啡，同时售卖咖啡机、咖啡杯、挂耳包等咖啡相关产品。除此以外，它还推出了便携咖啡包、精品生豆、燕麦奶、咖啡器具、周边产品等全产业链产品。

　　Manner坚持产品主义至上，采用半自动咖啡机，对咖啡师进行培训，保证咖啡的品质在同等价位的咖啡品牌中处于上层水平，很好地平衡了大众的口感和优质咖啡的风味。售价平均20元一杯、自带杯减5元，既贯彻环保理念，又把性价比做到极致，属于真正的小资定位、平民价位，充分满足消费者社交分享的心理。

　　Manner选址优越，一般在地铁口、星巴克等商圈附近，自带流量。为降低店铺的运营成本，大部分店面的面积小，且店内不设座位，顾客买完就走，提高顾客的流动率。

（四）财务驱动

财务驱动是指由收入来源、定价机制或成本结构来驱动商业模式的改变。

"小拇指"做"大蛋糕"

　　传统的汽车维修服务往往因为"全方位服务"的定位，导致服务内容过多、经营场地大、固定资产投入多、固定成本高，且因管理的复杂性和组织成本高，企业净现金流容易陷入枯竭。

　　杭州小拇指公司在掌握了国际先进的汽车表面微创伤快速修复技术的基础上，充分考虑投资收益比，将公司定位于"汽车表面微创伤修复"，主营包括车身表面微创伤修复、局部补漆、保险杠修复、前挡风玻璃修复等业务。这些业务，高端4S店不愿意做，路边店维修质量不过关。小拇指却因投入少、客户消费频率高、收益比较稳定，逐渐形成规模经济，使得公司拥有充裕的现金流。

　　值得注意的是，资源整合、产品或服务、客户需求、财务支持的调整可能是内部的，但绝不是孤立的。它们对商业模式起作用的过程，很可能成为多中心驱动的方式。

打造徽商新字号——安徽生鲜传奇商业有限公司

　　2016年6月创立的安徽生鲜传奇商业有限公司（以下简称生鲜传奇），作为国内社区生鲜店的代表，其成功离不开对零售行业商业模式的深刻理解。

众所周知，开生鲜超市的难度不在于一家单店能销售多高，也不在于把一家店能管理得多精细，而是在于一个体系下能够稳健、可持续地复制。面对生活方式和居住形式的巨大变化、收入水平以及技术创新推动零售行业发生重大转变，董事长王卫坚信密度之下的规模，"离消费者更近"就是最好的商业模式。

（1）依据社区房价锁定目标客户。我国独有的住宅形式是小区，有超高的人口密度，有同样的家庭结构、同样的收入水准、同样的生活习惯。生鲜传奇根据社区的房价来选址，把服务目标客群定义为25～65岁的家庭人群，具体到年收入应在8万元以上，家庭餐饮年支出在2万元以上。

（2）致力做"小区门口更好的菜市场"，全方位解决消费者一日三餐的健康饮食需求。

（3）生鲜传奇小鲜店在合肥开出80家面积在80～150平方米的门店，分别为直营店、内部员工加盟店和社会加盟店，其中社会加盟店占比45%。

（4）维护好客户关系，践行"五个凡是服务承诺"。其中最重要的一项承诺是无障碍退换货。特别是收错商品免单，为顾客免除后顾之忧，店长也不用花很多时间处理顾客投诉。

（5）制定五定标准（即定位、定数、定品、定架、定价），保证盈利稳定。

（6）突破生鲜技术，实现源水养源鱼和宰杀机械化，启动新鲜鱼虾供应；使用现代化物流，增强周转时效。生鲜传奇的商品门店周转是4.8天，常规仓库周转是15天，而生鲜库转是0.6天。

（7）一是自主研发整套运营系统，不断提升信息化系统和物流体系，表现为门店端有效率。二是提升加工成品、半成品以及生鲜的丰富度。围绕厨房特性展开选品，只卖和吃有关的东西；大力开发自有品牌商品，加大标准份净菜、半成品的供应；以中端商品为主，部分进口食品为辅，突出商品的品质和性价比；选品突出核心商品、丰富差异化商品、考虑系列性商品。

（8）建立紧密型的零供合作系统，从厂家直采到商品定制，再到自有商品。生鲜传奇最大的收益就是重建供应链，在全国建设了400多个蔬菜水果基地，开展"农超"对接，特别是对地理位置优越的农产品基地进行重点扶植。同时，确保商品安全卫生。生鲜传奇50%以上的商品是自制或委托加工，请专业的卫生消毒公司给便利店做服务。

（9）提高营运能力，严格控损。生鲜传奇的成本管控贯穿整个经营行为。从采购环节的选品、保管环节的处理、售卖当中的控制，到最后的报损和监督，每个环节环环相扣。

王卫表示，徽商精神是一种传承，代代都有新人出。提出徽商新字号的概念，要在传承和发扬徽商精神的基础之上不断变革，实现模式创新。

实训任务

任务一

实训主题	分析成功企业的商业模式		
实训内容	1．运用商业模式画布，对成功企业的商业模式进行分析； 2．把握商业模式画布的整体性，明确企业成功的关键所在		
实训流程	**时间 （45分钟）**	**要求**	**注意事项**
	5分钟	1．学员完成分组； 2．各小组推选出1名组长，1名汇报人	建议3～5名学员一组，以便充分讨论
	20分钟	1．各小组选取一个企业，充分讨论该企业的商业模式； 2．绘制商业模式画布	备选企业的商业模式要具有一定代表性，体现出客户群体、关键资源、主要业务之间的区别
	20分钟	1．各小组汇报人按商业模式画布的模块顺序对企业的商业模式进行介绍； 2．教师针对每组汇报的内容进行总结点评	要注意汇报的完整性，明确企业成功的关键所在
实训总结	**教师点评内容**		
	学生实训心得		

任务二

实训主题	绘制自己企业的商业模式画布		
实训内容	1. 使用商业模式画布，可视化分析拟创办企业商业模式的可行性； 2. 使用商业模式画布对自己企业的商业模式进行优化		
实训流程	**时间** （**45分钟**）	**要求**	**注意事项**
	5分钟	1. 学员完成分组； 2. 各小组推选出1名组长，1名汇报人	建议组长、汇报人由小组成员轮流担任
	20分钟	1. 各小组充分讨论小组拟创办企业的商业模式，并绘制商业模式画布； 2. 各小组汇报人依次对小组拟创办企业的商业模式进行介绍	其他小组成员认真听取汇报，准备好提问
	20分钟	1. 各小组对汇报小组介绍的商业模式不清晰、不完整、不认可的部分进行提问； 2. 被提问小组进行答辩、补充； 3. 教师就各小组汇报、提问、答辩、补充的内容进行总结	通过答辩，找出商业模式的不足之处并积极完善
实训总结	**教师点评内容** **学生实训心得**		

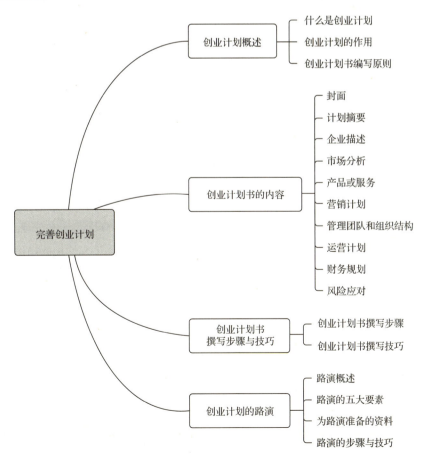

07

单元七　完善创业计划

通过本单元的学习，学生应能够：

◆　了解创业计划书的作用和内容；

◆　掌握创业计划书的撰写步骤和技巧；

◆　熟悉路演的含义、形式和五大要素；

◆　掌握路演的步骤与技巧。

✂ 知识导图

创业计划概述
- 什么是创业计划
- 创业计划的作用
- 创业计划书编写原则

创业计划书的内容
- 封面
- 计划摘要
- 企业描述
- 市场分析
- 产品或服务
- 营销计划
- 管理团队和组织结构
- 运营计划
- 财务规划
- 风险应对

完善创业计划

创业计划书撰写步骤与技巧
- 创业计划书撰写步骤
- 创业计划书撰写技巧

创业计划的路演
- 路演概述
- 路演的五大要素
- 为路演准备的资料
- 路演的步骤与技巧

✖ 单元引例

小伙重庆创业，凭创业计划书成功获得500万元投资

小伙子孙德才在重庆打拼9年，创业几经挫折。在涉足裸眼3D领域后，他凭着成功的创业计划书成功获得500万元风投资金。

孙德才老家在山东，大学毕业后做过推销员，当过电视编导，也有过不错的工作和收入。一次他在电视上看到重庆的介绍，觉得重庆发展前景非常好，肯定有许多创业机会，于是毫不犹豫地来到了重庆。他先是在重庆做打折机项目，但没运作多久就举步维艰，项目最终失败，孙德才和伙伴们的所有投入血本无归。

孙德才并没有气馁，在重新考虑了20多个创业项目后，他发现3D行业存在不少商机。孙德才和朋友到电影院看3D电影，感觉戴着眼镜看不方便，就想：能不能不戴眼镜看裸眼3D？能不能把裸眼3D屏幕安装在主城区商圈内做户外节目呢？有了想法后，他立即着手技术方面的调研，发现完全可以实现，于是他写出了详细的创业计划书。

孙德才在与天使投资的董事长见面后，向对方详细介绍了自己的创业计划，"我当时告诉他最终完成投资，需要300万元资金，前期需要100万元资金"。这个创业项目成功地引起了天使投资的兴趣。虽然当时项目还停留在创业计划书上，完全没有实际运作，但天使投资方面看中了项目前景，很快便决定注入资金帮助项目启动，第一期100万元资金很快到位。孙德才说："天使投资现已经累计对这个项目投资500万元，超过了当初我们想要的投资额。天使投资不但给我带来了资金上的帮助，还给我带来了资源上的帮助，例如介绍成熟的业态帮助我迅速增强实力。现在我对项目前景更加充满了信心。"

任务一　创业计划概述

创业是一项有着较大风险的商业活动，为了将创业风险降至最低，就要在事业开创前做好一切必要准备。其中，至关重要的一项准备就是制订创业计划，编制创业计划书，因为通过创业计划，你才能更好地了解自己的创业方向、创业目标、项目定位以及详细的操作方案。

一、什么是创业计划

创业计划又称商业计划（Business Plan，BP），是指企业或企业家在创业初期编写的一份全方位的项目计划，从企业内部的人员、制度、管理以及企业的产品、营销、市场等方面呈现创业构想和可行性分析。它是企业创立与运营的整体规划方案，用以描述与拟创办企业相关的内外部环境条件和要素特点，为业务的发展提供指示图和衡量业务进展情况的标准。

创业计划书作为创业者展现创业计划及创业实施过程的一份资料，主要是为潜在投资者、创业团队和其他相关者3个群体来服务的，具有说服他人、规范自己的功用，同时也是企业未来的行动指南和推销报告。面向潜在投资者，创业计划书可以吸引投资者的注意，展现项目潜

力以达成融资合作；面向创业团队，创业计划书可以帮助创业团队内部梳理思路；而服务于其他相关者，如创业大赛评委等，其目的则是得到好评等。

二、创业计划的作用

（一）使创业者明确总体创业思路和经营理念

每一位创业者或者准备创业者在创业之初都会对创立企业的发展方向及经营思路有粗略的设想。如果把一段设想编写成规范的创业计划书，就会发现自己想要从事的并非如所设想的那样容易。因此在创业融资之前，创业计划书首先应该是给创业者自己看的。创业计划书的编写过程就是创业者进一步明确自己的创业思路和经营理念的过程，也就是创业者从直观感受向理性运作过渡的过程。

办企业不是"过家家"，创业者应该以认真的态度对所有的、已知的市场情况和初步的竞争策略做尽可能详尽的分析，并提出一个初步的行动计划，通过创业计划书做到让自己心中有数。另外，创业计划书还是创业资金准备和风险分析的必要手段。一个酝酿中的项目往往很模糊，通过编写创业计划书，把正反理由都写下来，然后再逐条推敲，创业者就能对这一创业项目有更加清晰的认识。

（二）凝聚创业团队及员工的重要工具

一份清晰的创业计划书需要对企业的愿景和使命做出清晰的描述。共同的愿景是团队存在的理由，能够成为团队决策的参照物，同时也是判断团队进步的可行标准，为团队成员提供了一个合作和共担责任的支点。员工集体精神和企业文化也是与共同的愿景、使命息息相关的，如果没有共同的愿景、使命，那么团队成员不仅不会产生奉献行为，连真正的遵从行为都有可能不存在了，这样的团队将失去战斗力，极大地降低创业成功率。创业计划中呈现的共同愿景能提升团队凝聚力，让团队每个人为共同愿景所激励，愿意为企业付出努力，最终打造出卓越的团队。同时，一份好的创业计划也能够使创业者明白自己创业的内容与目标、策略与方法、管理与组织、利益与风险等，还能使团队其他成员了解创业的发展方向，增进创业团队的凝聚力。

（三）聚集整合外部资源的重要基石

在创业的过程中，各种生产要素是分散的，各种信息是凌乱的，各种工作是互不衔接的。创业计划书能够使创业者发现所需的资源，深刻了解资金、设备、人员等各方面的需求情况，找到各种程序之间的衔接点，最终把各种资源有序地整合起来，并根据这些整合的资源进行最佳要素的组合，保证创业企业的经营安全和相对效益。

（四）获取创业融资的重要工具

企业的发展离不开资金的支持，初创企业对资金的渴求更甚。创业者通过创业计划书就企业的发展潜力、所面临的机会，以创业方案的形式与潜在投资者、供应商、经销商、消费者及政府机构等利益相关者进行沟通，成为其投资决策的重要参考。这是一种更容易获取创业融资的有效渠道，并且一旦获得支持，往往能够同时成功说服风险投资者按照创业计划制定的合理方式撤出资本，使投融资两方获得双赢。

三、创业计划书编写原则

一份好的创业计划书必须呈现企业的竞争优势以及投资者可以获得的利益，同时计划要切实可行，并尽可能地提供较多的客观数据来加以佐证。创业计划书的内容要全面翔实、简明扼要。因为其编写的主要目的是获得投资，而全面翔实的创业计划书可以展示尽可能多的内容，并提供各方面的依据，从而增加可信度。而简明扼要的创业计划书能够让投资者一目了然，并快速地判断出计划的可行性和投资的收益等信息。

在创业计划书具体编写过程中，创业者应把握以下5个原则。

（一）市场导向原则

企业利润来自市场的需求，没有明确的市场需求作为依据，创业项目就没有办法盈利，不以市场为导向的创业计划也将是空泛的、无意义的。因此，创业计划书应以市场导向的原则来编写，要充分显示对市场现状的把握和未来发展的预测，同时要说明市场需求分析所依据的调查方法与事实证据等。

（二）文字精练原则

创业计划书应该尽量避免那些与主题无关的内容，要开门见山、直切主题，并清晰明了地把自己的观点亮出来。风险投资人没有时间，也不愿意花过多的时间来阅读一些对他来说毫无意义的内容。创业计划书中文字精练、观点明确，更容易引起投资者的注意和兴趣，增加融资成功的机会。

（三）通俗易懂原则

创业计划书中应尽量避免技术性很强的专业术语，因为这些术语不是谁都可以看明白的，而且风险投资人更关心创业计划能为他们的投资带来多大效益。过多的专业术语会影响阅读体验，让阅读者没有兴趣读下去。即使不得已要使用专业术语，也应该在附录中加以解释和说明。

（四）展示优势原则

编写创业计划书的重要目的之一是为投资人或贷款人提供决策依据，借以融资。因此，创业计划书中要呈现出具体的竞争优势，显示经营者创造利润的强烈愿望，并明确指出投资者预期的报酬。但同时也应该说明可能遇到的风险或威胁，不能只强调优势和机遇而忽略不足与风险。

（五）前后一致原则

因为创业计划书的内容复杂繁多，容易出现前后不一、自相矛盾的现象。如果出现这种情况，就会让阅读者对计划中的数据和分析产生怀疑，进而对计划书中的盈利预测和实施可行性产生怀疑。所以，整个创业计划书前后的基本假设或预估要相互呼应，保持一致。

任务二　创业计划书的内容

创业计划书是创业者关于创业构想与创业行动的书面表达，对创业计划书的撰写必须建立在一系列科学的假设和验证基础之上。因此，撰写创业计划书是一项非常复杂的任务，必须按照研究的逻辑对创业活动中涉及的活动环节和外部因素进行系统思考和分析。一般而言，创业计划书的内容应该包含以下几个方面。

一、封面

封面的设计要给人以美感。一个好的封面会使阅读者产生最初的好感，形成良好的第一印象。创业计划书的封面应包括项目名称、团队、主要联系方式等内容。如果企业已经设计好了Logo，也可以在封面页中展示出来。

二、计划摘要

计划摘要是创业计划书的主体部分，也是阅读者首先要看到的内容，它是整个创业计划书的精华和灵魂，因此，创业者在撰写计划摘要时要反复推敲，并涵盖整个计划的要点，以便在短时间内给阅读者留下深刻印象。

撰写商业计划书的计划摘要时，要尽量简明、生动，开门见山。一般而言，计划摘要包括公司介绍、管理者及其组织、主要产品和业务范围、市场概貌、营销策略、销售计划、生产管理计划、财务计划、资金需求状况等内容。

三、企业描述

企业描述是对创业团队拟成立企业的总体情况的说明，明确阐述创业背景和企业发展的立足点，以及企业理念、经营思路和战略目标等。企业描述包括企业简史、使命陈述、产品或服务、当前状况、法律状况与所有权、关键合作关系等内容。

案例分享

（1）本公司所创建的项目名称为"时尚休闲小食吧"。

（2）企业理念：为学生提供饮食及聚会聊天的空间，为社团、学生会提供小型活动的空间。

（3）经营思路：坚持以"服务消费者"为中心，将个性化与大众化结合起来开展业务。个性化与大众化结合是指在以大众化服务为标准的同时，店铺将会推出为消费者提供个性化的专属服务。

（4）战略目标：结合市场现状及企业自身的实际情况，我们计划每年获取利润约3万元，通过3年的经营预计可以收回全部前期投资。

四、市场分析

简要说明企业所涉及的行业。企业如果涉及多个行业，应该分别进行说明。说明该行业的现状。这一部分尽可能多用数字、图表等方式来展示所要传达的信息，例如行业增长率、销售百分比等。说明该行业的发展趋势和前景。在预测行业的发展趋势时，创业者不仅要考虑微观的行业环境变化，还要考虑整个行业乃至整个社会经济的发展状况，并在此基础上对行业前景做简短的说明和预测。说明政府是否会对该行业产生影响。说明进入该行业的障碍以及克服的方法。

（1）市场细分和目标市场的选择是在创业计划书行业分析的基础上，找到企业具体的目标市场，它可以是一个细分市场，也可以是两个或者多个细分市场。在撰写创业计划书时，要对每一个细分市场都进行详细的分析和说明。

（2）购买者行为是专门针对目标市场的消费者所进行的分析。只有对目标市场的消费者进行深入了解后，企业提供的产品和服务才能满足他们的实际需求。在创业计划书中，这一部分一般采用调查问卷的形式对购买者行为进行分析。

（3）对市场的竞争情况进行分析，也就是确定自己的竞争对手，分析竞争对手所采用的销售策略及其所售的产品或服务的优势等。对竞争对手的详细分析有助于了解竞争对手所处的位置，使企业更好地把握市场机会。

（4）销售额和市场份额预测

联系行业协会，查找行业相关的销售数据。寻找一个可比企业，参考可比企业的销售数据，当然前提是可比企业愿意分享自己的销售数据。通过网络、报纸、杂志等渠道搜集行业内企业的相关文章，并从中找到可用数据。

案例分享

沈明华是室内设计专业的学生，专注于装饰品的学习和研究，并且凭借自身扎实的专业功底，拿下了多个室内设计比赛的大奖。

大学毕业前，沈明华仔细分析了自己所学的专业，发现就业环境并不乐观，他也不想在自己感兴趣的领域止步不前，于是想到了自己创业。沈明华首先对装饰行业进行了简单的市场调查，主要包括目标消费者、目标市场需求、市场规模以及未来的发展趋势等。他发现，在自己所在的城市，装饰品大多是一些装饰公司的附属产品，或者是没什么特色的批发产品，由此认为装饰品行业的发展空间还是很大的。

有了这样的市场前提，沈明华坚定了毕业后就开始创业的决心。公司主要从事装饰品和工艺品的创作和生产，并可以根据消费者的需求进行量身打造。此外，沈明华在创作工艺品时还将当下最流行的时尚潮流元素融入其中，打造了一批极具个性化和特色的产品，产品首次推出就受到了广大消费者的青睐。

五、产品或服务

在产品或服务部分，创业者要对产品或服务做详细的说明，说明要准确，也要通俗易懂，使非专业人员的投资者也能看懂。一般来说，产品介绍应附上产品原型、图片或其他介绍等内容。

产品或服务部分包括产品的概念、性能及特性，产品的研究和开发过程，使用企业产品或服务的人群，产品或服务的市场竞争力，新产品的生产成本和售价，产品或服务的市场前景预测，以及产品的品牌和专利等内容。

六、营销计划

营销计划是创业计划书中最具挑战性且非常重要的部分，消费者特点、产品特征、企业自身状况以及市场环境各方面的因素都会影响企业的营销计划。营销计划主要应包括以下内容。

（1）总体营销策略。简单介绍企业为销售其产品或服务所采用的总体方法。

（2）定价策略。定价策略是营销策略中一个非常关键的组成部分。企业定价的目的是促进销售、获取利润，这就要求企业既要考虑成本，又要考虑消费者对价格的接受能力。定价策略的类型有折扣定价、心理定价、差别定价、地区定价、组合定价、新产品定价等。

（3）渠道与销售策略。渠道与销售策略主要说明企业的产品或服务如何从生产者处到达消费者手中，具体分为两种策略：通过中间商和发展自己的销售网络。

（4）促销策略。促销策略即企业打算采用什么方法来促销产品或服务。一般来说，促销方式有4种：广告、人员推销、公共关系以及营业推广。在实际经营中，以上4种促销方式都是结合使用的，因此，促销策略又称为促销组合策略。

七、管理团队和组织结构

在创业计划书中，创业者还应该对团队成员进行简要介绍，对其中的管理人员要详细介绍，如介绍管理人员所具有的能力、主要职责以及过去的经历与背景。

另外，创业者还应对企业目前的组织结构进行简要介绍，具体包括企业的组织结构、各部门的功能和责任、各部门的负责人及主要成员等。图7-1所示为企业组织结构演示，该企业主要由总经理、采购部、销售部和客服部组成。

图7-1　企业组织结构演示

八、运营计划

运营计划旨在使投资者了解产品或服务的生产经营状况。因此，创业者应尽量使运营计划的细节更加详细、可靠。运营计划一般包括生产工艺和服务流程、设备的购置、人员的配备、新产品投产的计划、产品或服务质量控制与管理等内容。

（1）企业生产制作所需的厂房设备和设备的引进与安装问题。

（2）新产品的设计和研制、新工艺攻关和投产前的技术准备。

（3）物料需求计划及其保证措施。

（4）质量控制方法。

（5）产品单位成本计划、全部产品成本计划和产品成本降低计划等。

（6）生产计划所需的各类人员的数量、劳动生产率提高的水平、工资总额和平均工资水平、奖励制度和奖金等。

九、财务规划

投资者可以通过查看财务规划，从资金角度判断企业未来经营的财务状况，进而判断其投资能否获得理想的回报。财务规划的重点是编制资产负债表、利润表和现金流量表。

（1）资产负债表

资产负债表反映企业在一定时点的财务状况。投资者可以查看资产负债表来得到所需的数据，以此来衡量可能的投资回报率。

（2）利润表

利润表反映的是企业的盈利状况，即反映企业在一段时期内的经营成果。

（3）现金流量表

现金流量表是反映企业在一定会计期间内，现金和现金等价物流入和流出的报表。现金流量表能够反映企业在一定会计期间内经营活动、投资活动和筹资活动产生的现金流入与现金流出情况，能够为企业提供在特定期间内现金收入和现金支出的信息，以及为企业提示该期间内有关投资活动和理财活动的信息。

十、风险应对

企业面临的风险主要有战略风险、市场风险、管理风险、竞争风险、核心竞争力缺乏风险以及法律风险等。这些风险中哪些是可以控制的，哪些是不可控制的，哪些是需要极力避免的，哪些是致命的或不可管理的，这些问题都应该在创业计划书中做出详细说明。

在创业计划书中，创业者要如实地向投资者分析企业可能面临的各种风险，同时还应阐明企业为降低或防范风险所采取的各种措施。投资风险被描述得越详细，交代得越清楚，就越容易引起投资者的兴趣。

预见企业风险后，企业可以从以下角度来阐述自己的风险管理。

- 企业还有什么样的附加机会？

- 在最好和最坏的情形下，未来3年计划表现如何？

- 在现有资本的基础上如何进行扩展？

任务三　创业计划书撰写步骤与技巧

一、创业计划书撰写步骤

（一）经验学习

创业者大多没有撰写创业计划书的经验，因此，可以先通过网络搜集国内外较为成功的创业计划书范文、模板及相关资料，研究这些资料所包含的内容和写作手法后，吸收其中的精华，优化自己的撰写思路。

（二）创业构思

一个优秀的创业构思对企业创业的成败起着至关重要的作用。如果创业者只是单纯地跟着他人的步伐来创业，那么创业很可能以失败告终。因此，创业者在进行创业构思时，要冷静分析、谨慎决策，考虑多方面的问题，如项目的切入点是什么，如何寻找合适的创业模式，怎样找到投资者，怎样预见可能遇到的各种问题等。

（三）市场调研

1.　市场环境调查

市场环境主要包括政治法律环境、社会文化环境、经济环境以及自然地理环境等。市场环境调查的具体内容可以是国家的方针、政策和法律法规，经济结构，市场的购买力水平，风俗习惯，气候等各种影响市场营销的因素。

2.　市场需求调查

市场需求调查的内容如下。

- 产品的需求量有多大？
- 消费者的月/年收入是多少？
- 让消费者产生购买行为的动机是什么？
- 消费者喜欢以哪种方式进行购买？
- 消费者能够接受的产品价格大概在什么范围？
- 消费者在购买产品时是通过何种方式进行决策的？
- 消费者对产品有什么其他的要求？
- 产品最令人不满意的地方在哪里？
- 消费者知道产品的途径是什么？
- 同类型的产品，消费者更喜欢哪个品牌？为什么？

3. 市场供给调查

市场供给调查的内容如下。

- 产品的生产周期有多长？
- 产品的产量有多大？
- 产品的特色功能是什么？是否迎合了市场的需求？
- 产品的规格是否符合消费者的使用习惯？
- 产品进货的渠道有哪些？

4. 市场营销调查

市场营销调查的内容如下。

- 销售的渠道有哪些？
- 销售的区域主要分布在哪些地方？
- 产品的主要宣传方式是什么？
- 产品有什么价格策略？
- 产品有什么促销手段？

5. 市场竞争调查

市场竞争调查是通过一切可以获得的信息来查明竞争对手的策略，包括竞争对手的规模、数量、营销策略以及分布与构成等，以此来帮助创业者制定合理的营销战略，这样才可能在激烈的市场竞争中占据有利位置。

（四）起草创业计划书

收集到足够的信息后，创业者就可以开始起草创业计划书了。由于创业计划书中包含的内容较多，创业者在制订计划时要明确各个部分的作用，做到有的放矢。同时，在撰写创业计划书的过程中，创业者还可以咨询律师或顾问的意见，确保创业计划书中的文字和内容没有歧义，不会被他人误解。

（五）修饰完善创业计划书

创业者可以根据以下问题逐一检查并修饰完善创业计划书。

- 是否能体现出创业者有管理公司的经验？
- 是否能够打消投资者对产品（服务）的顾虑？
- 是否能体现出创业者已经进行过完整的市场分析？
- 是否能准确地传达项目意图，并能被投资者所领会？
- 是否能体现出初创企业偿还负债的能力？

在修饰完善好后，即可打印装订。创业计划书的封面要简洁、有新意，并且封面的纸质要坚硬耐磨，尽量使用彩色纸，但颜色不要过于夸张。装订要精致，要按照资料的顺序进行排列，并提供目录和页码，最后还要附上创业计划书中支持材料的复印件。

10分钟教你写一份创业计划书

创业者在开始撰写创业计划书之前，一是要想清楚自己的创业思路，二是要想清楚到底呈现什么样的内容给投资者。

一、创业计划书的版式

总体来说，创业计划书的版式要求如下。

（1）整体风格需简洁、美观、传递信息明确。

（2）版式风格统一，颜色不超过3种（主色、搭配色、重点突出色）。

（3）不超过25页，适合20～30分钟甚至更短的演讲。

（4）用PPT制作，将最终文件转换成PDF格式。

（5）文字内容不宜过多，多用图片和图表来清晰地展示问题。其中图片需画质清晰、质量高，图表需制作精准、数据准确、易识别。

二、创业计划书的内容规划

1. 项目概况

用简洁清晰的一句话概括项目在××领域解决××问题，目的是让投资人很直观地了解创业者现在做的事情。

2. 用户需求

分别列出用户最重要的需求方面的关键词，表明该用户群体有此类需求（需求要合理且强烈）。用户需求要与产品功能相对应，此处正是体现产品价值所在的关键。

3. 行业分析

分析整个行业现状的目的是告诉投资人产品在行业内所担任角色的重要性。整体分析行业现状，分别列出用户需求的关键词并加以解释分析。

4. 产品优势

（1）具体描述产品的情况：一是表明产品解决了用户需求问题；二是向投资人阐述目前产品进行的阶段。其中应该包括产品的形式、核心功能、产品优势，要将产品亮点最大化。此部分内容页数控制在1～3页。

（2）说明产品形式，如微信公众号、网站、App、实物（需要提供照片）等。

（3）简要描述核心功能，如社交、交易等。

（4）列出产品优势，如便捷、实惠等，列出3点即可。

5. 竞品分析

分析竞品主要是为了突出产品的优势和差异化。列出几种竞品，并分析它们各自的优势、劣势和差异，其中竞品包括直接竞争对手的产品和间接竞争对手的产品（需要深入思考后得出结论，否则会让投资人对团队专业能力产生怀疑）。如果没有竞品，则此项可不写。

6．商业模式

商业模式最重要的是可行性，即能否产生收入和利润。在创业计划书中可以用一两句话清晰地描述项目运转情况及盈利模式，再用一两句话说清楚项目目前是否盈利。如果有，就用图表来证明；如果没有，则说明何时会以什么方式盈利。

7．运营现状

此部分应尽可能地用图表展示出项目运营的进展及数据。

① 说明进展阶段，如开发阶段、正式发布阶段、已有数据（如果处于开发阶段，请注明开发周期）。

② 列出项目涉及的主要关键性数据，如用户量、活跃度、交易额、留存率等。

8．核心团队

在项目的最初阶段，团队是获得融资的一项关键考核指标。核心团队成员可以是创始人、联合创始人、CEO等，描述的信息包括真实头像、姓名、简介（简介包括核心竞争力、过往职业背景，重点突出担任角色的匹配度）。核心团队成员不宜过多，介绍2～4人最为合适，适当补充相关行业有经验的人士。

9．发展规划

发展规划一是用于创业者自己梳理思路，二是向投资人表明创业项目接下来的发展路线清晰、明确。发展规划具体可以包括产品线的拓展、新市场的进入、对外合作的战略、营销推广手段等内容。投资人可以清楚创业项目未来的走向和目标，进而增强对项目的信心。

发展规划可以分短期、中期、长期3个阶段来写（长期规划相对不那么重要，中期规划次之，短期规划最重要）。

① 短期规划：如产品迭代、团队招募、营销推广等。

② 中期规划：如拓展功能、拓展品类等。

③ 长期规划：如拓展领域、打造生态链等。

10．融资计划

此处需要尽可能清楚地写明融资额度、出让股权百分比、资金用途以及过往融资经历。

① 融资额度，资金使用周期以24个月为宜。

② 出让股权百分比。一般为10%～15%，最多不超过20%

③ 资金用途，如人员工资、产品研发、营销推广等。

④ 过往融资经历，如获得××机构或个人的××万元××轮融资，出让××股。如果没有可不写。

11．联系方式

此页留个人电话、微信号等联系方式是为了便于意向投资人联系创业者。

二、创业计划书撰写技巧

（一）先做PPT再做创业计划书

著名投资人和企业家盖伊·卡瓦萨齐在创业计划书和PPT演示方面有一套有趣的理论。许多人先写好创业计划书，再把创业计划书缩减成PPT。而卡瓦萨齐认为顺序应该反过来，最好是先做好PPT，然后以此为大纲来撰写创业计划书。原因在于，卡瓦萨齐坚信诸事都应先试行。他告诉创业者要先写创业计划的提纲，用PPT或其他形式都可以，并把提纲展示给尽可能多的人看，最后再写创业计划书。为什么？因为修改15张PPT比修改25～35页的创业计划书要容易得多。而且PPT演示完，可以立即得到反馈，而创业计划书要读完以后才可能得到反馈。

虽然创业计划书不一定要完全遵循提纲来写，但在写之前能得到尽可能多的反馈的确是件好事。写创业计划书之前先做PPT，是收集反馈信息、试行推介创业计划的理想做法，也为创业计划书写好后做更完善的PPT做好先期准备。

（二）撰写创业计划书的主要技巧

1. 关注产品

用简短的方式展现产品。例如：你的产品到底是什么？你的产品有什么特色？谁会使用企业的产品？产品能带给消费者什么利益？你的产品跟竞争者的有什么差异？如果你的产品是创新的、独特的，如何使人想买？如果产品并不特别，为什么别人要买？产品正处于什么样的发展阶段？企业分销产品的方法是什么？产品的生产成本是多少，售价是多少？企业发展新的现代化产品的计划是什么？

在创业计划书中，应尽可能用简单的词语来描述所有与产品有关的细节，因为商品及其属性的定义对创业者来说是非常明确的，但其他人不一定清楚它们的含义。撰写创业计划书的目的是要出资者相信企业的产品会在世界上产生革命性的影响，同时也要使他们相信企业有证明它的论据。

2. 条理清晰

清晰的布局结构可以使投资者快速找到他们的兴趣要点，提升阅读兴趣。另外，不同的阅读对象对创业项目的关注点会有所不同，因此，撰写创业计划书时不能套用固定模板，而应该根据不同的阅读对象进行调整，突出重点。

3. 借助外力完善

创业计划书草稿完成并获团队全体成员一致通过后，企业可以聘请专业的咨询师进行完善。他们对创业计划书的撰写以及与银行沟通交流具有非常丰富的经验，所以创业团队可以借助专业咨询师来完善创业计划书。

4. 尽量使用第三人称

相对于频繁使用"我""我们"，使用第三人称"他""他们"会有更好的效果，这样会给投资者留下更专业和更客观的印象。

5. 注意格式和细节

不要使用过于花哨的字体，如艺术字、斜体字等，避免给人留下不够严肃、不够正式的印象。另外，在创业计划书的细节处理上要多花一些心思，例如在封面和每一页的页眉或页脚处都加上设计精美的企业Logo等。

6. 使用PPT展示

绝大多数投资者更喜欢PPT格式的创业计划书。PPT中的图文展示更直观，表现更丰富，便于创业者清楚地讲述创业项目。另外，PPT格式的创业计划书更适合在展示或路演时使用，而Word或PDF格式的创业计划书则适合后续的进一步展示，在内容上也更翔实。

7. 阅读优秀的创业计划书

阅读他人优秀的创业计划书可以在一定程度上帮助创业者提高自己的写作能力。因此，创业者在撰写创业计划书之前，可以多阅读他人的创业计划书，从中找到灵感，并得到一定的启发。

任务四　创业计划的路演

合理有效的创业计划书推介可以使创业者少走弯路，节省时间和精力。进行创业计划书推介的最好方式就是路演，路演可以将创业者的想法推介出去，增强投资者的信心，使创业计划书有"用武之地"。

一、路演概述

（一）路演的含义

路演是指在公共场所进行演说、演示产品、推介理念，以及向他人推广自己的企业、团队、产品和想法的一种方式。路演可以让投资者真正读懂企业的项目，从而做出更为准确的判断。

（二）路演的目的

路演可以同时让多个投资者认真倾听创业者的讲解和说明，同时还可以让他们有思考和交流的过程。通常情况下，投资者看到的创业计划书和接触的项目很多，有的投资者甚至一天就要阅读上百份创业计划书，所以只能凭借市场份额、盈利水平等硬性指标来筛选项目，很难了解项目的独特之处，所以很多优秀的创业设想与投资者擦肩而过。

路演就是为了促进投资者与创业者之间的沟通和交流，让创业企业达到融资的目的。所以，路演本身不是目的，通过路演推介项目获得融资才是目的。

（三）路演的主要形式

路演的主要形式是举行推介会。在推介会上，创业者需要向投资者就企业的产品和服务、发展方向、盈利模式等做详细介绍，充分阐述企业的投资价值，并准确回答投资者所关心的问题，让投资者能深入地了解具体情况。

二、路演的五大要素

（一）有一个大愿景

创业者需要展示一个吸引人的大愿景，告诉投资者企业未来的发展方向，这点非常重要。通常来说，首次创业者抱有的创业愿景都比较小，但要想成功，应尽可能把它合理放大，并让它变得更加吸引人。

（二）解释资金使用

当投资者打算出资时，通常会询问创业者会如何使用这笔投资，此时创业者就需要有一个详细的财务规划，在时间上至少应涵盖未来3年，其中不仅应包含企业的运营成本，还应包含企业的收入增长率、利润等。

（三）展现核心竞争力

无论创业项目的产品或服务是否已经产生收入，创业者都需要在路演时向投资者展示该产品或服务已经拥有的竞争力。如果项目已经产生了收入，且发展速度很快，那么一定要在路演时展示出来。如果暂时还做不到这一点，创业者可以在所有的业务指标里面找一个最具发展潜力的指标来进行展示，如用户总量、访问总量等。

（四）体现团队力量

创业者在进行路演时，至少要用一页PPT来介绍创业团队，告诉投资者自己团队的与众不同之处。最好是对团队创始人做一个简单的介绍，内容包括创始人的工作履历和具体的工作内容等。投资者很清楚，一个强大的团队通常会推出较好的产品和品牌，并最终赢得市场。创业者如果拥有一个强大的团队，就应该毫不犹豫地将其展示出来，但对于团队中的缺点也不要刻意回避。

（五）解决痛点问题

出色的路演几乎都是围绕某个行业痛点来展开的，应首先描述该痛点，然后再给出解决方案。因此，创业者在路演时，一定要表述清楚自己的产品或服务是如何解决这一行业痛点的。

三、为路演准备的资料

（一）路演台本

在路演前，为了保证路演质量，避免忘词、表述混乱，创业者应先对路演内容进行梳理并记录，确保心中所想与口头表述一致。另外，路演都是有时间限制的，短则10分钟，最长不超过2小时，有些急速路演可能只有5分钟。因此，根据不同时长来准备不同的台本，可以有效地利用路演时间，突出重点，扬长避短。

1. 根据路演结构撰写演讲内容

一般路演可以分为项目介绍和项目展示两大部分。

在项目介绍部分，用3句话阐述项目：第1句说明项目是做什么的；第2句阐明市场有多大；第3句说明项目的增长潜力究竟有多大。

在项目展示部分，围绕项目阐明项目解决的行业痛点、项目的竞争优势，并介绍团队成员，提出融资需求。

2. 梳理演讲内容并标注重点

创业者要对演讲台本的逻辑关系、核心数据进行梳理，切忌前后表述矛盾、数据错误。同时，还可以在台本上标注重点、概括核心内容，做到详略得当。另外，在优化语言表述时，力求简洁明了，切忌废话连篇、表述不清。

3. 对提问环节进行准备

创业者可以在路演前进行角色转换，假设自己是投资者，想一想有哪些问题是投资者提问概率较大的，提前准备这些问题的答案。投资者常问的问题如下。

- 项目的商业模式是怎样的？
- 你们的产品能解决什么行业痛点？
- 你们的产品具体能满足消费者的什么需求？
- 你们为什么会创建这样的企业？
- 你们的产品凭什么吸引消费者？
- 为什么是由你的团队来做这个项目？
- 你们会面对怎样的市场？
- 为什么大家没有做这样的事？
- 为什么你们能做得比其他企业更好？
- 我为什么要投资你们企业？
- 融资后的钱你们打算怎么用？
- 如果有足够的钱，你们会做什么？

（二）路演PPT

一份图文并茂、文字精练的PPT可以为创业者提示思路，让投资者抓住项目重点。因此简洁、清晰、有力是制作路演PPT时必须遵循的原则。

1. 篇幅

路演PPT的篇幅控制在15页左右为宜，最多不要超过25页。创业者应根据路演台本上标注的重点，把想要强调的关键词和内容如产品或服务、市场状况、竞争情况、商业模式、团队介绍、融资需求等醒目地展示给投资者。

2．制作

从制作的角度来说，制作路演PPT应注意以下几点。

（1）PPT的版式设计、色彩风格要统一。主题色彩使用切忌超过4种，字体运用不超过3种。

（2）能用图就尽量不用文字，切忌使用过多的文字。路演更注重的是演讲，如果PPT上内容太多，会占据投资者大部分的注意力，影响演讲效果。

（3）在话题承接的地方，可以使用过渡页或问句引入下一个话题，以吸引投资者的注意。

"音宇科技"路演PPT

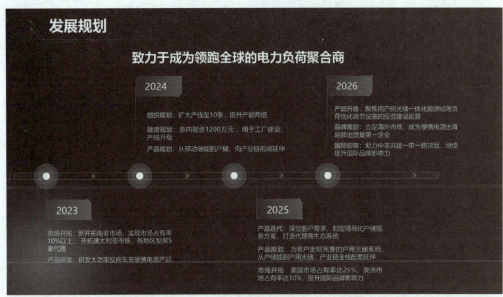

商业维度—本土供应链+M2C商业模式

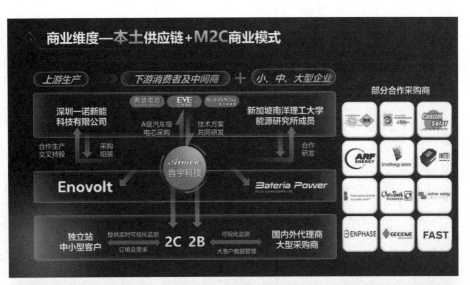

产品优势—竞品分析

品牌	型号	电容	安全性	可搭配太阳能板瓦数	充电速度	循环寿命	价格
音宇 BP2400 C		2560Wh +22.76%↗	磷酸铁锂 软包不爆燃 更安全	300Wh +40%↗	1.5H +40%↗	3000+ 与头部标准持平	$1799.99 -4%↘
Jackery 亚马逊销量第一	2000Pro	2160Wh	三元锂电 硬壳	200W	2.5H	1000+	$1784
Ecoflow 亚马逊销量第二	Delta 2 Max	2048Wh	磷酸铁锂 硬壳	220W	1.6H	3000+	$2099
Anker 亚马逊销量第八	Anker 757	1229Wh	磷酸铁锂 硬壳	100W	1.5H	3000+	$1699.9
BLUETTI 亚马逊销量第三	AC200 Max	2048Wh	磷酸铁锂 硬壳	200W	2.8H	3000+	$1959

同样价格，电容22.76%↗，充电40%↗，三年0事故

产品优势——形成欧美用户需求全覆盖的产品矩阵

推出Bateria Power、Enovolt两个自有品牌，5款"爆款"机型

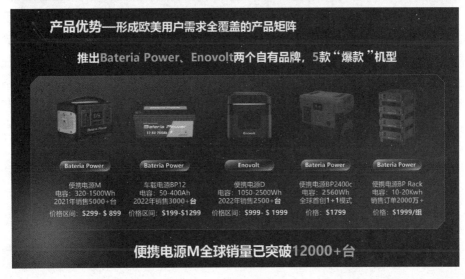

便携电源M全球销量已突破12000+台

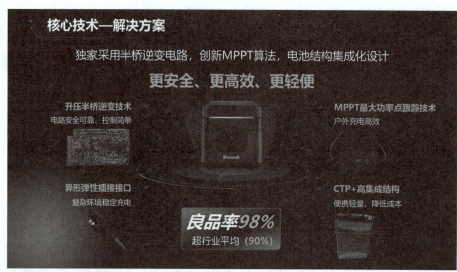

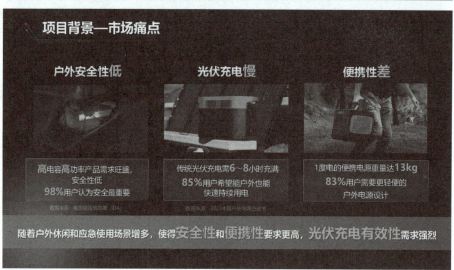

"源"自中国·领"跑"全球

力争成为"专精特新"的大创企业

四、路演的步骤与技巧

（一）路演的步骤

1. 提出问题

创业者首先应该提出一些具有社会共性的问题，这样不仅可以引起投资者的兴趣，还可以为后面将要推介的项目或产品做铺垫。

例如，创业者将要推介的产品是便携储能电池，首先不是讲述产品有多么好，而是采用市场分析的方式来说明储能电池的重要性和市场前景，让投资者意识到即将推介的产品是与人们的生活息息相关的。

2. 扩大问题

扩大问题就是挖掘消费者的痛点。例如，储能电池在户外使用时面临的安全、便携和太阳能充电等问题，是该类产品在使用中普遍存在的，并且是困扰消费者的痛点问题，由此把问题扩大，加深投资者对项目或产品的印象。

3. 解决方案

解决方案就是创业者在此次路演中要推介的项目。例如前述案例中，创业者就对产品的技术、特点、安全性等方面进行了详细解说。

4. 案例见证

真实的案例见证或事实数据是最容易让人们相信的。如果创业者没有讲解任何案例，投资者就会感觉这个产品或服务不太真实。

5. 塑造价值

塑造价值就是让消费者产生物超所值的感觉。创业者应着重讲述产品的品质价值、概念价值、附加价值等。

（二）路演的技巧

1. 路演的内容

路演的内容就是要向投资者传达的内容，也是路演是否成功的一个重要因素。路演的内容要符合路演所讲的主题，并具有良好的逻辑性，创业者在介绍时一定要抓住要点。如果时间充裕，创业者在路演前可以多排练，以保证对内容充分熟悉。

2. 语音、语调、语速

语音就是要发对音，语调就是要有感情，强调语音和语调的主要原因是创业者需要声情并茂地将项目信息传达给投资者，让投资者更易接受和理解。在语速方面，创业者需要注意两点：一要使投资者能够清楚地了解创业者传达的信息要点；二要保持良好的节奏感，在指定时间内不急不缓地完成一场完整的路演。因此，语速要做到该快的时候快，该慢的时候慢，同时精准评估路演的时间，根据时间准备内容，然后根据要点调整语速，从而使整场路演看起来较为完美。

3. 个人状态

在向投资者推介自己的创业项目时，创业者要表现出充满激情、积极向上的个人状态，要展现出对自己项目的信心和愿意为项目付出巨大努力的准备。

4. 肢体语言

肢体语言就是利用身体部位来传达思想，如手势、面部表情等。使用肢体语言的目的除了沟通外，最重要的是与投资者进行互动，让投资者感受到创业者对他们的关注度。

5. 路演答辩技巧

路演的第一注意事项就是严格控制时间。如发言时间为20分钟，最后得剩余5分钟用来回答问题，那么创业者必须在15分钟内结束演讲，不能超时。

另外，创业者应尽可能多地了解演讲场地的情况，避免因不熟悉场地而出现紧张忘词、材料和演示工具准备不足、时间把握不好等问题。

6. 表露个人素质

投资者需要创业者有聆听的能力。如果创业者在推介自己的项目时只顾表现自己而不顾投资者的感受，那么就很难让自己的项目得到投资者的青睐。与此同时，创业者需要诚实地回答投资者的问题，不要过分夸大，要让投资者觉得创业者是可以信任的。

7. 运用数据支持

创业者应运用数据明确告诉投资者企业的目标人群、项目实施计划和产品的竞争优势，同时还要给投资者提供一份详细、准确的财务预测。虽然数据略显枯燥，但是创业者应该牢记，只有数据才是最直观、最有说服力的。

实训任务

实训主题	学习撰写创业计划书		
实训内容	1．了解创业计划书的撰写步骤； 2．掌握创业计划书的撰写步骤和撰写技巧； 3．培养学生的创业思维和能力		

实训流程	时间 （30分钟）	要求	注意事项
	5分钟	1．学员进行分组； 2．每组各选一名组长，负责协调； 3．宣读实践要求，每个小组根据创业项目撰写创业计划书	小组分组可以采取抽签的方式进行
	15分钟	1．对创业项目进行全面研究、了解项目的整体情况； 2．结合项目情况，小组撰写创业计划书； 3．审阅创业计划书，确保内容符合规范	1．各组要注意创业信息的保密。教师要剔除明显不具有可行性的创业项目； 2．组与组之间不进行任何形式的交流； 3．讨论时注意倾听和思考他人的看法
	10分钟	1．小组汇报各自的创业计划书； 2．教师针对各组分享的内容进行总结点评	

	教师点评内容
实训总结	
	学生实训心得

单元八 管理初创企业

⚒ 学习目标

通过本单元的学习，学生应能够：

◆ 了解新企业的注册程序、步骤；

◆ 了解新企业的名称设计与选址；

◆ 了解新企业的管理重点与管理策略；

⚒ 知识导图

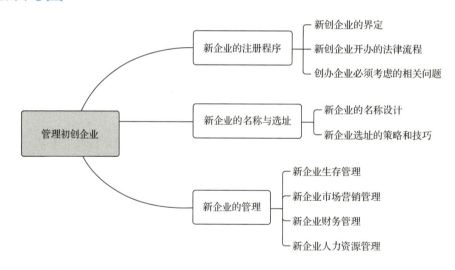

⚒ 单元引例

喜茶：一杯好茶，激发你的一份灵感

近年爆红的"喜茶"，一间从三线城市走出的奶茶店，在5年时间内成为茶饮店中的"网红"，每开新店都有人排长队购买，单店日销4 000杯，年销售近10亿元，获得IDG资本以及知名投资人何伯权的共同投资，融资金额超1亿元。那么"喜茶"IP成为年轻人茶饮新宠的奥秘究竟何在？

喜茶品牌的起源

2011年6月，喜茶创始人暨奶茶行业资深人士聂云宸有感于很难找到用料单纯又好喝的茶饮，打算开一家自己爱喝的茶饮店，并于当年8月想好名字"皇茶"，于12月制作了第一杯芝士现泡茶的测试版本——奶盐绿茶。2012年5月12日，30平方米大小且略显简陋的第一家皇茶小店在江门市九中街开张。2014年，皇茶成了排队的代名词，购买Royaltea皇茶时没有排队像是中奖一般。皇茶38家店面使用的三角茶包就达到3 000万袋，其火爆场面可见一斑。

然而，由于"皇茶"单独的两个字无法注册商标（"贡茶"亦如此），只能加前缀或后缀，很容易被山寨，因此仿冒者大量出现，为此聂云宸及他的团队想尽办法，尽管有一定效果，但终归不理想。"长痛不如短痛"，聂云宸谈到此次改名时表示，他们综合考虑了各种情况后决定，立志即便承担一段时间内营业额下降的损失和风险，也要解决品牌长久发展的最大障碍。聂云宸介绍，"喜茶"这个商标是别人注册好的商标，他们从别人处购买获得，由于该商标已成功注册，故可以直接使用。

喜茶作为芝士现泡茶的原创，自创立以来，一直专注于呈现来自世界各地的优质茶香，让茶饮这一古老文化焕发出新的生命力。

2016年，喜茶获得IDG资本及天使投资人何伯权1亿元投资。

喜茶成功运营之道

喜茶成功运营取决于以下几个方面。

（1）精准定位"港式奶茶"，注重产品区分与研发。

（2）注重跨界合作。

（3）直营为主，谢绝加盟。

（4）善用网络营销，扩大品牌影响力。

（5）专注年轻消费者的细节设计，打造鲜明的品牌IP形象。

任务一　新企业的注册程序

一、新创企业的界定

新创企业是位于成长过程中那些早期发展阶段的企业，多是指处于初创期与成长期的企业。一般认为，在创业企业没有达到成熟阶段之前都可以称为"新创企业"。全球创业观察（Global Entrepreneurship Monitor，GEM）报告中将新创企业的成立时间界定为42个月（3年半）以内的企业。众多研究学者在学术研究中对新创企业有不同的时间界定，主要集中在5～10年。

作为知识经济和网络经济时代中建立的企业，在创立、生存、发展等方面都与以往企业不同。所以如果沿用传统的企业理论来解释新创企业面临的问题，无论从理论还是从实践上都存在许多障碍。新创企业与成熟企业有着较大的差异，这种差异可以体现出新创企业的如下基本特点。

1. 战略选择更依赖创业团队的能力与资源禀赋

创业机会、资源识别与开发能力对新创企业的生存与发展有决定性作用。一般来说，新创企业是基于某个市场机会或商业模式而建，主要发展手段是配置各种资源去实现商业机会。

2. 一般都存在"新进入劣势"问题

其表现在内部缺少足够的资源、能力和经验，外部缺乏信任和社会关系网络，很难获得竞争优势。我国目前的新创企业大部分还是生存型创业，大都比较弱小，存在较为明显的"新进入劣势"，在研发、市场营销、财务管理等方面的经验和能力都不足。

3. 战略调整更具有柔性

新创企业组织结构、决策模式简单，市场竞争意识和适应环境的能力较强。新创企业对外部环境变化较为敏感，能够快速适应环境变化，更容易发现市场机会，更有助于获取竞争优势。

二、新创企业开办的法律流程

所有创业者都要按照国家法律规定开办和经营企业，并承担相关的法律责任。法律是一个监督员，时时刻刻监督着创业者的行为，只有创业者遵守法律，法律才会保护创业者。简单地说，法律在一定程度上允许或禁止创业者所做的某些决策和采取的部分行动。因此，创业者在开办新企业之前，应该了解和熟悉新企业设立的法律流程，其中包括企业登记注册的法定程序，这对于企业创建的效率来说是非常重要的。

一般而言，创建企业有如下法律流程：第一步，选择合适的企业法律组织形式；第二步，登记注册，具体包括企业名称登记、工商登记注册、税务登记和其他登记备案事项。

（一）企业法律组织形式的选择

"我想创业，我应该注册一家什么样的企业"或者"我想和同学一起创业，采取哪种组织形式合适"，这些问题是创业者在创业之初首先遇到的问题。

毫无疑问，新企业创立之前，创业者应该首先确定拟创办企业的法律组织形式。新创企业可采用不同的组织形式，如创业者个人独立创办的个人独资企业、由创业者团队创办的合伙企业、以法人为主体的有限责任公司或股份有限公司等。对创业者而言，各种法律组织形式没有绝对的好坏之分，各有利弊，选择合适，便可趋利避害；选择不恰当，就会为将来的运作带来巨大的隐患。创业者必须根据国家的法律法规要求和新创企业的实际情况，科学衡量各种组织形式的利弊，决定合适的组织形式。

1. 个体工商户

个体工商户是指在法律允许的范围内，依法经核准登记，从事工商经营活动的自然人或者家庭。单个自然人申请个体经营，应当是16周岁以上有劳动能力的自然人。家庭申请个体经营，作为户主的个人应该有经营能力，其他家庭成员不一定都有经营能力。个体工商户享有合法财产权，包括对自己所有的合法财产享有占有、使用、收益和处分的权利，以及依据法律和合同享有各种债权。

2. 个人独资企业

个人独资企业是很古老也很常见的企业法律组织形式。个人独资企业又称个人业主制企业，是指依法设立，由一个自然人投资并承担无限连带责任，财产为投资者个人所有的经营实体。当个人独资企业财产不足以清偿债务时，选择这种企业形式的创业者须依法以其个人其他财产予以清偿。

个人独资企业在业主数量与注册资金上与个体工商户相似，但设立手续比个体工商户要复杂，需要有合法的企业名称、有投资人申报的出资、有固定的生产经营场所和必要的生产经营条件及必要的从业人员。个人独资企业在经营决策与利润分配上与个体工商户相似，其决策程序简单，利润归出资人，同时承担无限责任。

3. 合伙企业

如果两个或两个以上的人共同创业，那么可以选择合伙制作为新企业的法律组织形式。根据《合伙企业法》，合伙企业是指依法在中国境内设立的由各合伙人订立合伙协议，共同出资、合伙经营、共享收益、共担风险，并对合伙企业债务承担无限连带责任的营利性组织。

合伙企业包括普通合伙企业和有限合伙企业两种形式。两者最大的区别在于有限合伙企业有两种不同的所有者：普通合伙人和有限合伙人。其中，普通合伙人对合伙企业债务承担无限连带责任，有限合伙人以认缴的出资额为限对合伙企业债务承担责任，且一般不享有对组织的控制权。另外，普通合伙企业合伙人可以用货币、实物、知识产权、土地使用权或者其他财产权利出资，也可以用劳务出资，但有限合伙人不得以劳务出资。以下主要介绍普通合伙企业。

除了要有合伙企业的名称、经营场所以及从事合伙经营的必要条件外，设立普通合伙企业还应当具备以下几个条件。

（1）有两个以上合伙人，合伙人为自然人的，应当具有完全民事行为能力。

（2）合伙人应当遵循自愿、平等、公平、诚实信用原则订立书面合伙协议，合伙协议应载明合伙企业的名称、地点、经营范围、合伙人出资额和权责情况等基本事项。

（3）合伙人应当按照合伙协议约定的出资方式、数额和缴付出资的期限，履行出资义务。合伙人出资可以用货币、实物、知识产权、土地使用权或者其他财产权利出资；上述出资应当是合伙人的合法财产及财产权利。合伙人以劳务出资的，其评估办法由全体合伙人协商确定。

4. 有限责任公司和股份有限公司

公司是现代社会中最主要的企业形式。它是以营利为目的，由股东出资形成，拥有独立的财产，享有法人财产权，独立从事生产经营活动，依法享有民事权利，承担民事责任，并以其全部财产对公司的债务承担责任的企业法人。所有权与经营权分离，是公司制的重要产权基础。与传统"两权合一"的业主制、合伙制相比，创业者选择公司制作为企业组织形式的一个最大特点就是仅以其所持股份或出资额为限对公司承担有限责任；另一个特点是存在双重纳税问题，即公司盈利要上缴公司所得税，创业者作为股东还要上缴企业投资所得税或个人所得税。根据《公司法》，我国的公司分有限责任公司（包括一人有限责任公司）和股份有限公司两种类型。

（1）有限责任公司。有限责任公司的股东以其认缴的出资额为限对公司承担责任，公司以其全部资产对公司的债务承担责任。创业者设立有限责任公司，应当具备下列条件。

① 股东符合法定人数。我国《公司法》第二十四条规定：有限责任公司由五十个以下股东出资设立。需要说明的是，一人有限责任公司是在2005年10月27日第十届全国人民代表大会常务委员会第十八次会议通过的《公司法》中加入的。

② 有符合公司章程规定的全体股东认缴的出资额。自2014年3月1日起，公司登记实行注册资本认缴制。除法律、行政法规以及国务院决定对特定行业注册资本最低限额另有规定的外，取消有限责任公司最低注册资本3万元、一人有限责任公司最低注册资本10万元、股份有限公司最低注册资本500万元的限制，也就是说理论上可以"一块钱办公司"。不再限制公司设立时全体股东（发起人）的首次出资比例，不再限制公司全体股东（发起人）的货币出资金额占注册资本的比例，不再规定公司股东（发起人）缴足出资的期限，也就是说理论上可以"零首付"，股东可自主约定出资方式和货币出资比例。高科技、文化创意、现代服务业等创新型企业可以选择灵活的出资方式。

③ 股东共同制定公司章程。法律对有限责任公司章程有明确的要求，要求应当载明的事项包括：公司名称和住所，公司经营范围，公司注册资本，股东的姓名或者名称，股东的出资方式、出资额和出资时间，公司的机构及其产生办法、职权、议事规则，公司的法定代表人，股东会会议认为需要规定的其他事项。

④ 有公司名称，建立符合有限责任公司要求的组织机构。

⑤ 有公司住所。

（2）股份有限公司。股份有限公司的全部资本分为等额股份，股东以其认购的股份为限对公司承担责任，公司以其全部资产对公司的债务承担责任。设立股份有限公司要有公司名称，要建立符合股份有限公司要求的组织机构，要有固定的生产经营场所以及必要的生产经营条件，股份发行、筹办事项要符合法律规定。除此之外，根据《公司法》规定，设立股份有限公司还应当具备下列条件。

① 发起人符合法定人数。设立股份有限公司，应当有2人以上200人以下为发起人，其中须有半数以上的发起人在中国境内有住所。

② 有符合公司章程规定的全体发起人认购的股本总额或者募集的实收股本总额。

③ 股份发行、筹办事项符合法律规定。

④ 发起人制定公司章程，采用募集方式设立的经创立大会通过。

总之，不同组织形式的企业存在不同的成立条件、承担责任形式等不同特征。下面对主要存在的4种小微型企业进行比较和梳理（见表8-1）。

表8-1 小微型企业法律形态特征比较

法律形态特征比较	个体工商户	个人独资企业	合伙企业	有限责任公司（一人有限责任公司除外）
法律依据	《促进个体工商户发展条例》	《个人独资企业法》	《合伙企业法》	《公司法》
企业性质	非法人、非企业	非法人企业	非法人企业	法人企业
投资人数	1个自然人或家庭	1个自然人	2人以上	2～50人
注册资本	无注册资本限制	无注册资本限制	无注册资本限制	无注册资本限制
出资形式	无限制	无限制	普通合伙企业无限制，有限合伙企业中有限合伙人不可以以劳务出资	货币、实物、知识产权和土地使用权等均可作为出资形式，但是劳务、商誉等不可作为出资形式
投资主体	自然人或家庭	自然人	国有独资公司、国有企业、上市公司以及公益性的事业单位、社会团体不得成为合伙人	2～50个自然人或法人
经营主体	个人或家庭	投资者	合伙人共同经营	股东不一定参与经营
成立条件	有相应的经营资金和经营场所即可	①投资人为一个自然人；②有合法的企业名称；③有投资人申报的出资；④有固定的生产经营场所和必要的生产经营条件；⑤有必要的从业人员	①有两个以上合伙人，合伙人为自然人的，应当具有完全民事行为能力；②有书面合伙协议；③有合伙人认缴或者实际缴付的出资；④有合伙企业的名称和经营场所；⑤法律、行政法规规定的其他条件	①股东符合法定人数；②有符合公司章程规定的全体股东认缴的出资额；③股东共同制定公司章程；④有公司名称，建立符合有限责任公司要求的组织结构；⑤有公司住所
税收	定额，不缴纳企业所得税	定额，不缴纳企业所得税	缴纳个人所得税，不缴纳企业所得税	双税制，缴纳企业所得税和个人所得税
责任形式	由个人经营的，以其个人资产对债务承担无限责任；由家庭经营的，以家庭财产承担无限责任	投资人以其个人资产对企业债务承担无限责任	普通合伙人承担无限连带责任，有限合伙人承担有限责任	以出资额为限承担有限责任
利润分配	归个人或家庭	归个人	合伙人按照合伙协议分配	股东按出资比例分配

（二）企业登记注册流程

新办企业，首先得给企业一个明确的法律地位，如同办理户口。根据我国法律规定，新办企业应当到市场监督管理部门办理登记手续，领取营业执照。如果从事特定行业的经营活动，还须事先取得相关主管部门颁发的经营许可证（如卫生、环保、特种行业许可证等）。

营业执照是企业主依照法定程序申请的、规定企业经营范围等内容的书面凭证。企业只有领取了营业执照，拥有了正式户口般的合法身份，才可以开展各项法定的经营业务。企业设立后，还需要进行税务登记，需要会计人员做财务，其中涉及税法和财务知识，创业者需要了解企业的税项。企业办理注册登记手续一般包括以下几个步骤。

1. 完善企业名称

企业名称登记管理制度是市场准入的重要基础制度。2020年12月，国务院通过《企业名称登记管理规定》（以国务院令第734号公布），自2021年3月1日起施行。《企业名称登记管理规定》完善了企业名称基本规范，建立了企业名称自主申报制度，企业名称由"预先核准"行政许可事项变为自主申报服务事项。

企业名称的一个基本功能就是区别功能。企业应当做到名称符合法律和社会文明发展要求，按照市场竞争规则，遵守公序良俗，诚实守信，不侵犯他人合法权益。企业在申报名称时应当遵守法律法规、遵守社会公德和企业名称自主申报规则。

企业名称要符合规范，格式如下。

企业名称=行政区划+字号（2个字以上）+行业+组织形式

例如，湖南智丰众创企业管理有限责任公司。在这里，"湖南"就是行政区划，指代企业所在地的省（包括自治区、直辖市）或县（市辖区）的行政区划名称。企业名称应当冠以企业所在地的省（包括自治区、直辖市）、市（包括州）或者县（包括市辖区）的行政区划名称。"智丰众创"就是字号，字号是该设立的企业区别于其他企业的标志，是企业形象的一种代表。"企业管理"就是行业，行业特征要求的是能够依照国家行业分类标准划分的类别，判断出该企业生产、经营或服务的范围或特点。企业的组织形式就是前面所讲述的内容。

目前，满足一定条件的企业名称可以不含行政区划名称：一是本企业为已经设立登记的企业法人，二是本企业分别在3个以上（含3个）省级行政区域内投资设立公司，三是该3个以上公司的字号都与本企业的字号相同，并且已经经营1年以上。这也说明，新设企业因刚进入市场经营，尚未形成市场影响力，一般不可以直接使用不含行政区划名称的企业名称，而是需要经营一定时期、形成一定规模且字号具有一定影响力之后，才能通过变更名称的方式"去掉"名称中的行政区划名称。需要注意的是，变更后的企业名称还应当同时与企业所在地设区的市级行政区域内的同行业企业名称字号不相同。

2. 经营项目审批

如新创企业的经营范围涉及特种行业许可经营项目，则需要提前办理特种行业许可证申请并获准后，才可以继续工商注册程序。例如，你要开设一家书店，就需要向辖区的文化部门申请出版物经营许可证。

特种许可项目涉及旅馆、印铸刻字、旧货、典当、拍卖、信托寄卖等行业，需要消防、治安、环保、科学技术委员会等行政部门审批。特种行业许可证的办理，根据行业情况及相应部门规定不同，分为前置审批和后置审批。

3. 生产经营场所的获得

以现存的经营形态而言，除了网上的个体工商户很大程度上没有实际意义上的实体店外，其他的企业组织形式都要求有自己的实际经营场所或办公场地，这种场所可以是自有的或者租用的。

4. 编写公司章程

公司章程是指公司依法制定的，规定公司名称、住所、经营范围、经营管理制度等重大事项的基本文件，也是公司必备的规定公司组织及活动基本规则的书面文件。公司章程是股东共同一致的意思表示，载明了公司组织和活动的基本准则，是公司的宪章。公司章程具有法定性、真实性、自治性和公开性的基本特征。公司章程与《公司法》一样，共同肩负着调整公司活动的责任。作为公司组织与行为的基本准则，公司章程对公司的成立及运营具有十分重要的意义，它既是公司成立的基础，又是公司赖以生存的灵魂。

5. 办理企业三证

企业三证指的是企业营业执照、组织机构代码证以及税务登记证。目前，新办企业三证合一已实现网上申请，具体如下。

（1）申请人需填写《三证合一登记（备案）申请书》。

（2）如果是委托他人代办，还需要填写《指定代表或者共同委托代理人授权委托书》以及指定代表或委托代理人的身份证复印件，经办人需要带身份证原件。

（3）提供公司全体股东签字的公司章程。如果没有标准的公司章程，可在当地市场监督管理局官方网站下载，按照公司实际情况填写。

（4）提供公示股东的主体资格证明或自然人身份证复印件。

（5）申请办理。

6. 公司备案刻章

企业注册登记过程中需要使用图章，图章由公安部门刻制。公司用章包括公章、财务章、法人章、全体股东章等。

7. 银行开户

新创办企业需设立基本账户，企业可根据自己的具体情况选择开户银行。银行开户应提供的材料包括营业执照正本、公司公章／法人章／财务专用章、法人身份证、税务登记证正本等。

三、创办企业必须考虑的相关问题

从创业开始，创业者不仅要知法懂法，树立守法经营的观念，还要懂得利用法律武器保护自己。遵纪守法、诚信经营、依法纳税的企业才能立足和持续发展，才能赢得客户的信任、供应商的合作、员工的信赖、政府的支持，甚至竞争对手的尊重，为自己营造一个良好的生存发展空间。

 阅读讨论

娜娜的小屋

2017年6月，余娜从湖北师范学院毕业后回到郑州，喜欢自由的她放弃了父亲安排的安稳职位，决定自主创业。余娜从小喜欢打扮，对皮肤保养、美容化妆也特别有兴趣，所以她顺理成章地选择了美容业。依靠父母的支持，余娜轻松地迈过了资金门槛，10万元的启动资金让她顺利地开始了创业之路。当"娜娜的小屋"顺利开张后，余娜全身心地"泡"在店中。每天早上8点半，她准时到店，打扫卫生，整理顾客联系卡，搜集美容资讯，时刻注意行业动向；晚上美容师下班后，她还要独自统计营业额，比较营业报表，身兼清洁员、财务、公关、"老板"数职于一身。渐渐地，小店走上正轨，由亏损变为盈余。

红火的生意也吸引了合作者的注意。2018年7月，一家颇有实力的美容连锁机构找到了余娜，提出了优厚的合作条件。既然可以通过合作把小店发展壮大，余娜很快就跟对方签订了合作协议。随着连锁机构专业管理人员的进入，小店快速发展，余娜也渐渐放松了身心，开始享受起了"幕后老板"的生活。

然而，两个月后，管理方突然撤换了美容产品，并调整了顾客收费标准。一时间，顾客投诉、供货商要求赔偿等突如其来的变化让余娜懵了。余娜向合作方发出责难后才发现，由于缺少法律知识，在签订合作协议的时候，她已经将管理权拱手相让。眼看一手打造的小店成了他人的猎物，余娜非常痛心，找律师打官司，几经折腾，最终选择了撤资退出。

这之后，每次要经过已经改名的小店时，余娜总是绕路而行。

思考与讨论：

1. 余娜一手创办的"娜娜的小屋"为什么最终变成了他人的猎物？

2. 余娜的创业失败，对你有什么启发？

（一）创业相关法律法规

在市场经济规则越来越完善的环境中，创业者要知道法律不仅对企业有约束的一面，同时也给企业以保护。

1. 与新办企业相关的法律法规

国家为使所有公民和企业能在公平、和谐的环境中竞争和发展，制定了各类法律法规。这些法律法规是规范公民和企业经济行为的准则，具有权威性、强制性、公平性。依法办事是公民和企业的责任。

作为一个想创办企业的创业者，你也许觉得法律太多了，弄不明白。其实，和你的企业有直接关系的法律只是其中一部分。创业者不必了解有关法律的所有内容，只需要知道哪些法律和哪些关键内容与新办企业有关就可以了。与新办企业直接相关的基本法律如表8-2所示。

表8-2　与新办企业直接相关的基本法律

法律名称	相关基本内容
《企业法》	《公司法》《个人独资企业法》《合伙企业法》《促进个体工商户发展条例》《乡镇企业法》
《民法典》	扩大了用人单位的主体范围、用人单位做背景调查要取得劳动者同意等
《劳动法》	促进就业、劳动合同和集体合同、工作时间和休息休假、工资、劳动安全卫生、女职工和未成年工特殊保护、职业培训、社会保险和福利、劳动争议、监督检查等

2. 知识产权法

知识产权是人们对自己通过智力活动创造的成果所依法享有的权利。知识产权包括专利、商标、著作权等，是企业的重要资产。知识产权可通过许可经营或出售，带来许可经营收入。实际上，几乎所有的企业（包括新企业）都拥有一些对其成功起关键作用的知识、信息和创意。传统观念将物质资产如土地、房屋和设备等视为企业最重要的资产，而现在知识资产已逐渐成为企业中最具价值的资产。对于创业者来说，为了有效地保护自己的知识产权，也为了避免无意中侵犯他人的知识产权，了解相关法律非常重要。

（1）专利与《专利法》

专利是指某个政府机构根据申请颁发的文件。它被用来记述一项发明，并且创造一种法律状况。在这种情况下，专利发明通常只有经过专利权所有人的许可才可以被利用。专利制度主要是为了解决发明创造的权利归属与发明创造的利用问题。专利法可以有效地保护专利拥有者的合法权益。创业者对其个人或企业的发明创造应及时申请专利，以寻求法律保护，使自己的利益不受侵犯；或者在受到侵犯时，有法律依据提出诉讼，要求侵害方予以赔偿。

《专利法》是为了保护专利权人的合法权益，鼓励发明创造，推动发明创造的应用，提高创新能力，促进科学技术进步和经济社会发展而制定的。《专利法实施细则》是根据《专利法》制定的细则。

（2）商标与《商标法》

商标用来识别不同经营者所生产、制造、加工、拣选、经销的商品或者提供的服务。商标是企业的一种无形资产，具有很高的价值。这种价值体现在独特性和所产生的经济利益上。保护和提高商标的价值，可以为企业带来巨大的收益。

商标包括注册商标和未注册商标。目前，我国只对人用药品和烟草制品实行强制注册。通常所说的商标均指注册商标。注册商标包括商品商标、服务商标、集体商标、证明商标等。

注册商标的有效期为十年，可以申请续展，每次续展注册的有效期也为十年。商标注册申请人必须是依法成立的企业、事业单位、社会团体、个体工商户、合伙企业以及符合《商标法》第十七条规定的外国人或者外国企业。

《商标法》是为了加强商标管理，保护商标专用权，促使生产、经营者保证商品和服务质量，维护商标信誉，促进社会主义市场经济的发展而制定的。

（3）著作权与《著作权法》

著作权包括发表权、署名权、修改权、保护作品完整权、复制权、发行权、出租权、展览权、表演权、放映权、广播权、信息网络传播权、摄制权、改编权、翻译权、汇编权以及应当由著作权人享有的其他权利。对著作权的保护是对作者原始工作的保护。著作权的保护期为作者终生及其死亡后50年。我国实行作品自动保护原则和自愿登记原则，即作品一旦产生，作者便享有版权，登记与否都受法律保护；自愿登记后可以起证据作用。国家版权局认定中国版权保护中心为软件登记机构，其他作品的登记机构为作品所在的省级版权局。

《著作权法》是为了保护文学、艺术和科学作品作者的著作权，以及与著作权有关的权益，鼓励有益于社会主义精神文明、物质文明建设的作品的创作和传播，促进社会主义文化和科学事业的发展与繁荣而根据宪法制定的。《计算机软件保护条例》是为了保护计算机软件著作权人的权益，调整计算机软件在开发、传播和使用中发生的利益关系，鼓励计算机软件的开发与应用，促进软件产业和国民经济信息化的发展，根据《著作权法》而制定的。

除了与知识产权相关的法律法规外，还有《反不正当竞争法》《产品质量法》《劳动法》等法律法规也是创业者所应当了解和关注的。

大学生办电影网站遭60万元索赔

大学生小捷在校期间创办了一家电影网站，被杭州某影视公司以"版权侵权"起诉，对方索赔60万元。

原来，临近毕业的小捷和几名低年级同学共同投资2万元创办了一家电影网站。然而，他怎么也想不到等待他的竟是一场官司。"我们网站上的电影都是通过迅雷下载过来的，但我们并不知道其中几部电影是杭州那家公司代理的，60万元的赔偿对我们这些刚创业的大学生来说是一个沉重的打击。"小捷说，他们已收到温州市中级人民法院的传票并等待开庭。大学生创业既缺乏经验又缺创业资本，无意中可能会触碰到法律底线。

小捷的行为已触犯《著作权法》。著作权侵权分直接侵权和间接侵权。直接侵权是指抄袭、复制，如将版权作品的表达语言复制为另一种语言，或未做任何改编，包括将传统媒体复制为非传统媒体，于互联网上传或下载；出版抄袭作品，如出版由二维作品复制而成的三维作品。间接侵权是指将抄袭作品出口、贩卖、出租或做其他商业用途，以及提供方法、器具或地方进行侵犯版权的行为。

3. 劳动合同法

《劳动合同法》是为了完善劳动合同制度，明确劳动合同双方当事人的权利和义务，保护劳动者的合法权益，构建和发展和谐稳定的劳动关系而制定的。该法由第十届全国人民代表大会常务委员会第二十八次会议于2007年6月29日通过，自2008年1月1日起施行。

2013年6月29日，第十二届全国人民代表大会常务委员会第三次会议通过根据2012年12月28日第十一届全国人民代表大会常务委员会第三十次会议《关于修改<中华人民共和国劳动合同法>的决定》。《劳动合同法》规定，用人单位必须与劳动者签订劳动合同。

（二）依法纳税

依法纳税是公民和企业应尽的义务。税收是国家财政收入的主要来源，取之于民，用之于民。根据我国税法规定，所有企业都要依法报税和纳税。

1. 与企业和企业主有关的主要税种

社会经济活动是一个连续运动的生生不息的过程：生产→流通→分配→消费。国家对生产流通环节征收的税种统称为流转税，它以销售收入或营业收入为征税对象，包括增值税、海关关税等。对分配环节征收的税种统称为所得税，它以生产经营者取得的利润和个人收益为征税对象，包括企业所得税、个人所得税等。这是最基本的两个税种。具体而言，与企业和企业主有关的主要税种有增值税、企业所得税、个人所得税、消费税、城市维护建设税和教育费附加等。表8-3所示为各类企业缴纳的一般税目税率。

表8-3　各类企业缴纳的一般税目税率

企业类型	流转税 增值税	企业所得税	城市维护建设税	教育费附加	其他税种
制造业、商业	一般纳税人：13%；小规模纳税人：3%	一般纳税人：25%；小型微利企业（经税务机关核准）：20%	以流转税为基础，市区：7%；县城、镇：3%；偏远地区1%	以流转税为基础：3%	资源税、消费税（烟酒、烟火鞭炮、化妆品、汽油、柴油等商品）
服务业	一般纳税人：6%；小规模纳税人：3%				消费税（金银首饰）
农林牧渔业	9%	减征、免征			

2. 如何计算应纳税金

计算税金须首先正确判断企业类型。一般纳税人和小规模纳税人在计算税金上有不同的方式，根据国家税法的相关规定，小规模纳税人可以用以下简易的方式来计算税金。

应纳税金=销售额（营业额）×税率+城市维护建设税+教育费附加

（三）尊重员工的合法权益

企业竞争力的一个关键因素是员工的素质和积极性。在劳动力流动加快和竞争加剧的形势下，优秀的劳动者越来越成为劳动力市场上争夺的重要资源。所以，新开办的企业一开始就要特别重视以下4个方面的问题。

1. 签订劳动合同

劳动合同是劳动者与企业签订的确立劳动关系、明确双方权利和义务的协议。签订劳动合同对双方都有约束作用，不仅保护劳动者的利益，还保护企业的利益，它是解决劳动争议的法律依据，双方绝对不能因嫌麻烦或者为了眼前的小利而不签劳动合同。

劳动合同的基本内容如下。

- 工作职责、定额、违约责任。
- 工作时间。
- 劳动报酬（工资种类、基本工资、奖金、加班、特种工作补贴等）。
- 休息时间（周假、节假日、年假、病假、事假、产假、婚丧假等）。
- 社会保险、福利。
- 劳动合同的生效、解除、终止。
- 劳动争议的处理。

一般各地都有统一的劳动合同文本，有关信息可以从当地人力资源和社会保障部门获得。

2. 劳动保护和安全

尽管创业初期资金紧张，企业也要尽量创造良好的工作条件，防止工伤事故和职业病的发生，做好危险和有毒物品的使用和储存，改善音、光、气、温、行、居等条件，以保证员工的人身安全并提高他们的工作效率和积极性。

3. 劳动报酬

企业定的工资不能低于本地区人力资源和社会保障部门规定的最低工资标准，而且必须按时以货币形式发放给劳动者本人。有关最低工资标准的信息可以从当地人力资源和社会保障部门获得。

4. 社会保险

国家的社会保险法规要求企业和员工都要参加社会保险，按时足额缴纳社会保险费，使员工在年老、生病、因公伤残、失业、生育等情况下得到补偿或基本的保障。为员工办理社会保险对企业来说具有强制性。

目前，我国的社会保险主要有养老保险、医疗保险、工伤保险、失业保险和生育保险。办理社会保险的具体程序和要求可到当地人力资源和社会保障部门咨询。

（四）商业保险

经营一家企业总会有风险。各类企业的风险有差异，并非所有企业风险都要投保。例如，产品需求下降这种企业最基本的风险损失，就只能由企业自己承担；而有些风险损失则可以通过办理保险来减少或降低，如机器、存货、车辆被盗窃、资产发生火灾或意外等。

企业的保险险种通常包括以下内容。

- 资产保险：如机器、库存货物、车辆、厂房的防盗险、水险和火险；商品运输险，特别是进出口商品的这类险种。

- 人身保险：业主本人和员工的商业医疗保险、人身事故保险、人寿保险等。

创业者要根据自己企业的实际情况来决定是否投保或投保哪些险种。不要过度信赖保险公司的推荐。

（五）创办企业必须考虑的伦理问题

创业伦理是创业者在开拓市场、资本积累、互惠互利、协同合作、个人品德、后天修养等方面的行为准则。新企业势必要进入市场竞争的圈子，相应地，创业者也得遵守这个圈子所共同维护的行为规范。

由于企业所处的阶段不同，创业者所要考虑的伦理问题会有其企业自身的表现形式。有的创业者在创业之前会在一个单位工作，那么在其创业注册经营阶段，就会涉及创业前、创业中及创业过程中必然联系到的相关利害关系人。因此，创业者所要考虑的伦理问题包括以下几个方面。

1. 创业者与原雇主之间的伦理问题

尽管有些初创企业由学生或自我雇佣者建立，但大部分新企业仍是由曾经从事相关职业的人所创建。在辞职进行创业后，一些创业者出乎意料地发现，自己已置身于与前雇主公司敌对的境地。以下是创业者在辞职时必须遵循的两个最重要原则。

（1）职业化行事。员工恰当地表露离职意图十分重要，急不可耐的离职会让雇主十分恼火；此外，在未签订离职协议且离职协议生效之前员工仍为该单位员工，必须认真负责地做好先前的工作，并做好交接工作。

（2）尊重所有雇佣协议。对准备创业的雇员来说，充分知晓并尊重自己曾签署的雇佣协议至关重要。在一般情况下，关键雇员都签署了保密协议和非竞争协议。保密协议是雇员或其他当事人（如供应商）所做的不泄露企业商业秘密的承诺，这要求雇员在职期间甚至离开公司之后都必须严格遵守该协议。非竞争协议则规定了在特定时段内，个人禁止与前雇主竞争。如果签署了非竞争协议，雇员就必须遵守相关协议。

2. 创业团队成员之间的伦理问题

创建者之间就新企业的利益分配以及对新企业未来的信心达成一致非常重要。对创业团队来说，易犯的错误就是因沉迷于开办企业的兴奋之中而忘记订立有关企业所有权分配的最初协议。创建者协议（或称股东协议）是处理企业创建者之间相对的权益分割、创业者个人因向企业投入"血汗股权"或现金而获得补偿、创建者必须持有企业股份多长时间才能被完全授予等事务的书面文件。以下列出了创建者协议所包含的主要内容。

（1）未来业务的实质。

（2）简要的商业计划。

（3）创建者的身份和职位头衔。

（4）企业所有权的法律形式。

（5）股份分配（或所有权分割）方案。

（6）各创建者持有股份或所有权的支付方式（现金或"血汗股权"）。

（7）明确创建者签署确认归企业所有的任何知识产权。

（8）初始运营资本描述。

（9）回购条款，明确某位创建者退出时出售股份的处理方案。

3. 创业者和其他利益相关者之间的伦理问题

创业者和其他利益相关者之间的伦理问题涉及如下方面。

（1）人事伦理问题。这些问题与公正、公平对待现有员工和未来员工有关。不符合伦理的行为范围非常广泛，从招聘面试中询问不恰当的问题到不公平对待员工的方方面面，其根源可能是因为他们在性别、肤色、道德背景、宗教等方面有所不同。

（2）利益冲突。这些问题与那些挑战雇员忠诚的情景相关。例如，如果公司员工出于私人关系以非正当商业理由将合同交给其朋友或家庭成员，这就是不恰当的行动。

（3）顾客欺诈。这个领域的问题通常出现在公司不尊重顾客或忽视公众安全的时候，如误导性广告、销售明知不安全的产品等。

任务二　新企业的名称与选址

一、新企业的名称设计

企业名称通常是某一企业的专用名称，是用文字形式表示一家企业区别于其他企业或组织的特定标志。企业名称一般由以下四部分依次组成：企业所在地行政区划名称、字号（商号）、行业（或经营）特点、组织形式，如"上海能源股份有限公司""江苏绿健乳业有限公司"。企业只准使用一个名称，在某个市场监督管理部门辖区内，冠以同一行政区划名称的企业不得与登记注册的同行业企业名称相同或相近。

企业名称承载着企业价值信誉、品牌形象，是企业的无形资产。美国阿尔·里斯认为："从长期观点来看，对一个品牌而言，最重要的就是名字。"对于一个新创立的企业来说，设计一个有辨识度的、好听的名字，是创建品牌的第一步。虽然企业名称不能直接创造价值、赚取利润，但是如果企业的名称朗朗上口，且容易被消费者记住，并在名称中暗含企业的商业理念，那么它间接创造的价值甚至比其他有形资产所创造的价值还要大。

（一）企业名称的功能

企业名称一般是用以辨认和识别企业的特定标志。优秀的企业名称一般具有以下几大功能。

（1）识别功能：易于识别是优秀企业名称的最基本的功能。只有具备识别功能的企业名称，才能使消费者在众多企业中将之分辨出来。

（2）广告功能：优秀的企业名称本身就是吸引人的广告，具有很强的信息传播效果。

（3）示意功能：企业名称是企业的专有标志，能准确反映企业的经营方向和特征，从而正确引导消费者。

（4）增值功能：良好的具有特殊意义的企业名称，一旦在社会上打响，会变得具有很高的知名度，就能产生增值功能。

（二）企业名称设计应考虑的因素

企业名称设计应考虑如下因素。

一是企业名称要有个性。在确定名称时，不要与其他企业名称相同或相近，要拥有自己的个性与特色。

二是企业名称的文化内涵要好。要将企业的核心理念嵌进去。

三是企业名称要与实际相符合。在确定名称时，要坚持实事求是、名称与实际相符的原则，准确传达企业的实际情形。

四是企业名称应具有民族性。企业发展会受到民族文化的影响，因此设计名称要充分体现民族特征。

二、新企业选址的策略和技巧

（一）企业选址的重要性

企业选址是关系新企业成败的至关重要的因素，也是创业初期便涉及的几个问题之一。一个好的地理位置也许只能使一个普通的企业生存下去，但一个错误的地理位置可以使一个优秀的企业失败。

据香港工业总会和香港总商会的统计，在众多开业不到两年就关门的企业中，选址不当所导致的企业失败数量占到了总量的50%以上。企业选址的重要性不言而喻。

企业选址的重要性可以从以下4个方面来理解。

（1）地址是制定经营战略及目标的重要依据。经营战略及目标的制定，首先要考虑所在区域的社会环境、地理环境、人口、交通状况及市政规划等因素。依据这些因素明确目标市场，按目标顾客的构成及需求特点，确定经营战略及目标，制定包括广告宣传、服务措施在内的各项促销策略。事实表明，经营方向、产品构成和服务水平基本相同的企业，会因为选址的不同，而使经济效益出现明显的差异。不理会企业周围的市场环境及竞争状况，任意或仅凭经验来选择企业地址，是难以经受考验并获得成功的。

（2）地址选择是对市场定位的选择。地址在某种程度上决定了客流量的多少、顾客购买力的大小、顾客的消费结构、企业对潜在顾客的吸引程度及企业竞争力的强弱等。选址适当，便占有了"地利"的优势，企业就能吸引大量顾客，生意自然就会兴旺。

（3）地址选择是一项长期性投资。不论是租赁的，还是购买的，地址一旦被确定下来，就需要大量的资金投入。当外部环境发生变化时，企业的地址不能像人、财、物等其他经营要素那样可以做相应的调整，它具有长期性、固定性的特点。因此，对企业地址的选择需要做深入的调查、周密的考虑和妥善的规划。

（4）地址选择反映了服务理念。地址选择要以便利顾客为首要原则，企业应从节省顾客的购买时间和交通费用的角度出发，最大限度地满足顾客的需要，否则就会失去顾客的信赖和支持，也就失去了存在的基础。

 阅读讨论

"火爆"的火锅店

小雷做餐饮管理咨询公司已经快4年了，先后成功帮助好几家餐厅扭亏为盈，在当地有很好的口碑。

小雷接了一个咨询诊断案，是一家开业不久的火锅店，这家火锅店已经关门转让了。究竟是什么原因？这家火锅店"老板"以前是某知名火锅店的技术骨干，在火锅技术和出品质量的把控上相当不错。这次出来单干也是想通过自己技术上的优势得到市场的认可。

由于没有选址方面的经验，这家火锅店的"老板"未对场地进行详细的调查和分析，加上贪图转让费、房租低，草率地签下协议后立马开始装修、筹备，开业后因地段和管理原因，生意一直上不去。于是"老板"找到小雷去帮忙打理。

小雷接管后对菜品质量、菜品口味、服务质量等进行了提升，同时在营销策划上采取有针对性的宣传，并与店内各种促销活动相结合，生意慢慢地有了起色，甚至生意最好时全堂爆满，但好景不长，此时该店的地理劣势不断展现出来，给客源的增长带来致命打击。一是该店没有一个合法的停车位，二是该条街是单行道，三是该餐厅处于居民楼楼下。因是单行道，开车去该店消费需绕道，而且要绕很远，很不方便，造成很大一批客人不愿进来，而好不容易通过各种手段把客人请来了，但又留不住，不是饭菜问题、服务问题、价格问题，而是停车问题。当时唯一的办法就是火锅店门口的马路边和人行道作为临时停车位。

该火锅店处于居民楼楼下，来消费的车占用人行道、公共车道，给居民出入带来诸多不便，还有就是火锅店的噪声、霓虹灯灯光等影响了居民的正常生活。火锅店"老板"经常与小区居民发生纠纷，甚至有的居民一见火锅店生意火爆就打110投诉，顾客把车停在店门口，交警来了就拖车，这样一来客人就生气了：在你们这里吃饭尽扫兴，还要跑老远去交警队取车。这样反复搞了几次，客人也都不来了。最后，"老板"只好选择撤店。

思考与讨论：

哪些因素是新企业选址必须考虑的呢？

（二）影响企业选址的主要因素

企业选址要解决两个基本问题：一是选择一个独特的地区，二是在该地区选择一个独特的地点。而影响企业选址的主要因素可划分为市场因素、商圈因素、交通因素、物业因素、所区因素、个人因素、价格因素。

1. 市场因素

从顾客角度看，要考虑经营地是否接近顾客、周围的顾客是否有足够的购买力、所售的商品能否吸引这一带的顾客群体。对于零售业和服务业，店铺的客流量和顾客的购买力决定着企业的业务量。

2. 商圈因素

选址时需要对特定商圈进行特定分析。例如：车站附近是往来旅客集中的地区，适合发展餐饮、食品、生活用品；商业区是居民购物、聊天、休闲的理想场所，除了适宜开设大型综合商场外，特色鲜明的专卖店也很有市场；影剧院、公园名胜附近适合经营餐饮、食品、娱乐、生活用品等；在居民区，凡是能给家庭生活提供独特服务的生意，都能获得较好的发展；在市郊地段，不妨为驾车者提供生活、休息、娱乐和维修车辆等服务。

3. 交通因素

交通因素是指交通是否方便、停车是否方便、货物运输是否方便、乘车来去是否方便。便利的交通不仅对制造型企业很重要，对于服务型、零售型、批发型企业也至关重要。

4. 物业因素

在租用店铺前，创业者应了解地段或房屋规划的用途与自己的经营项目是否相符，以及该物业是否有合法权证；还应考虑该物业的历史、空置待租的原因、坐落地段的声誉与形象等，如是不是环境污染区，有没有治安问题，会不会拆迁等。

5. 所区因素

所区因素指的是经营业务最好能得到当地所区和政府的支持，至少不能与当地的政策背道而驰。

6. 个人因素

有些创业者往往过多地关注个人因素，如喜欢选择在自己的住所附近经营，这种做法可能会令创业者丧失更好的机会或因经营受到局限，企业难以快速发展。

7. 价格因素

创业者在购买商铺或租赁商铺时，要充分考虑价格因素。通常在租房时，租金的支付方式是押一付三，就是在开始时你需要一次性支出4个月的房租。这时，创业者既要考虑启动资金够不够，又要考虑在生意只投入、未产生利润期间创业者的储备金是否充足；同时，创业者还要对这个场地的销售额做出初步的预算，看盈利是否可以满足租金和管理费用的支出。如果营业额足够大，就算租金贵，也可以租用；如果此地没有生意，就算再便宜也不能租用。

总之，创业者选址时切忌盲听、盲信、盲从，缺少调查和评估是难以找到符合条件的经营场所的。因此，选址不能一味求快，创业者应该多对有意向的地段进行多方面的考察，权衡各个因素的优劣，从长远角度考虑，为自己店铺日后的经营打下良好的基础。

 拓展阅读

4位大学生的创业失败案例

4位梦想创业的大学生，每人凑齐4 000元，准备在校园附近开一家精品店。当他们和房屋转租者签好转让协议，对店面进行装修时，房东突然出现并进行阻挠。他们16 000元的创业资金已经花光，店面却无法开张。

小王是中南大学铁道校区大三学生，大二时他就忙着在学校做市场调查，他认为定位中高档的男士精品店会很受学生欢迎。这学期开学不久，他和另外3位有创业想法的同学一拍即合，每人投资4 000元准备开店。

校园附近的孙老板有3间紧挨着的店面，其中一个店面闲置着。孙老板同意以12 000元的价格转让这个店面两年的使用权。当时孙老板对小王他们说她有这个店面3年的使用权，但不要让房东知道房子已经转租，就说几个大学生是帮她打工的，以免房东找麻烦。"我们虽然知道孙老板不是房东，只是租用了房东的房子，但我们不知道一定要经过房东的同意才能租房。"9月10日，涉世未深的几名大学生和孙老板签下了店面转让协议书，并支付了7 000元。

当他们开始对店面进行装修时，房东闻讯赶来。房东表示，他和孙老板签订的合同上明确写了该房子只允许做理发店，并且不允许转租。房东阻止他们装修，并和孙老板发生了冲突。

透过玻璃门可以看到，几个玻璃柜凌乱地摆放着，地上刨花到处是。前不久，小王和另外3个同学还在一边贴墙纸，一边憧憬着美好的未来。当时为了不影响上课，他们利用晚上装修，忙到深夜两三点是常事。

现在门上已经挂了3把锁。9月，房东将第一把锁挂了上去，接着孙老板也挂了一把锁。小王等人的玻璃柜等物品都被锁在里面，无奈之下他们也挂了一把锁。现在进入这个店里，要过三道关。3把锁锁死了他们的创业之路。孙老板从9月20日起就无影无踪，手机也不开机，不做任何解释。房东也不愿意和他们协商，反正房租已经收到了年底。这可苦了几个大学生，交给孙老板的7 000元房租，加上店面装修的5 000多元，以及进货花去的钱，4人凑的16 000元已经花光。后来，孙老板终于出现了，她提出，几个大学生将剩下的5 000元交上，再想办法和房东协商。如果要退还7 000元的房租，必须把已经装修的店面恢复原状并补偿她两个月的误工费。这些钱来之不易，其中两个家庭条件并不是很好的学生拿出的是自己的学费，他们希望通过创业来缓解家庭的经济压力。另外一个同学的4 000元是他软磨硬泡才从父亲那里"借"来的。

（三）影响企业选址的主要因素

（1）根据自己的经营定位列出"必需的"和"希望的"选址条件。

（2）对照选址条件确定备选地点。

（3）造访备选地点，挑选两三处较好的位置。

（4）按照"必需的"和"希望的"选址条件，对这几个地点进行比较。

（5）在每天白天、晚上的各个时段到各个地点实地观察，计算有效客流量。

（6）咨询有经验的人士以获得帮助。

（7）综合分析各种信息和意见。

（8）做出选址决策。

（四）关于零售店铺选址的几点建议

中国人经商最讲究"天时、地利、人和"，对于做终端零售的创业者来说，店铺位置的好坏是能否盈利的关键。如何选择好的店铺位置是创业者所面临的首要问题，创业者如果不经过认真而科学的选择，而是仓促或者盲目地开店，通常很容易遭受失败的打击。以下是对零售商铺选址的几点建议。

1. 根据自己店铺的经营定位进行选址

选择店铺位置之前，首先要明确自己的经营范围和经营定位。如果经营的是日化、副食等快速消费品，就要选择在居民区或社区附近；如果经营的是家具、电器等耐用消费品，就要选择在交通便利的商业区。此外，还要考虑自己的目标消费群体是主要面向普通大众，还是主要面向中高端消费群体。简单地讲，就是要选择能够接近较多目标消费群体的地方。通常情况下，大多数店铺选择在人流量比较大的街区，特别是当地商业活动比较频繁、商业设施比较密集的成熟商圈。

2. 尽量避免在受交通管制的街道选址

城市为了便于交通管理，在一些主要街道会采取交通管制措施，如单向通行、限制车辆种类、限制通行时间等，店铺选址应该避开这些街道，也尽量不要在道路中间设有隔离栏的街道开店，因为这样会限制对面的人流过来，即使你的店铺招牌做得很惹眼，对面的顾客也只能"望店兴叹"。交通方便是选择店铺位置的条件之一，店铺附近最好有公交车站点，以及为出租车提供的上下车站等。另外，店铺门前或附近应该有便于停放车辆的停车场或空地，这样会更方便顾客购物。

3. 选择居民聚集、人口集中的地区

人气旺盛的地区基本上都有利于开设店铺，尤其是开设超市、便利店、干洗店这样的店铺。城市新开发的地区，刚开始居民较少、人口稀疏，如果又缺乏较多流动人口，是不适合开设店铺的。虽然有时候在新建地区开店，可以货卖独家，但往往由于顾客较少，店铺的日常运营难以维持。

4. 事先了解店铺所在地的政府规划

随着城市的快速发展，旧城改造是经营中可能遇到的，开设店铺前首先要调查和了解当地的城市规划情况，避免在可能拆迁的"危险"地区开设店铺。在租赁房屋时，还要调查了解该房屋的使用情况，如建筑质量、房屋业主是否拥有产权或有其他债务上的纠纷等。忽视这些细节往往会导致店铺的夭折，给自己带来巨大的损失。

5. 注意店铺所在街道的特点和街道客流的方向与分类

一条街道会因为交通条件、历史文化、所处位置不同而形成自己的特点。要选择交通通畅、往来车辆和人流较多的街道，避免在一条"死胡同"里开店。店铺的坐落和朝向也是十分重要的，店铺门面要尽量宽阔，朝北要注意冬季避风，朝西要注意夏季遮阳等。同样一条街道的两侧，由于行人的走向习惯，人流量不一定相同，要细心观察人流的方向，在人流量大的一侧选址。长途汽车站、火车站和城市的交通主干道虽然人流量很大，但人们滞留时间较短，很多人的目的不在购物上。在这些地方开店，要根据自己的情况慎重选择。

6. 选择同类店铺比较聚集的街区或专业市场

"货比三家"是很多人经常采取的购物方式，选择同类店铺集中的街区更容易招揽到较多的目标消费群体。不要担心竞争激烈，同类店铺聚集有助于提高相同目标消费群体的关注度。电子市场、花卉市场、建材市场等市场或商场，也是开设店铺的不错选择。需要注意的是，选择此类市场或商场开店，要考察这些市场和商场的管理水平、规模大小、在当地的影响力等因素。对规模较小、开业时间较短、管理水平差的此类市场或商场，要谨慎入驻。

任务三　新企业的管理

一、新企业生存管理

（一）初创企业的管理原则

新企业成长和现有企业成长具有明显的不同。由于现有企业在激烈的市场竞争中已经建立了一定的竞争优势，包括品牌、服务、渠道等。作为新入行的企业，只有打破原有的竞争格局才能够扭转不利局面。在核心竞争力尚未形成时，新创企业应该采用以下管理原则与对手周旋，争取生存机会，然后不断积累，加强自身的实力。

1. "生存第一"原则

企业在创业初期的首要任务就是在市场中生存下来，让消费者认识和接受自己的产品。也就是说，在创业之初，企业的一切活动都应围绕生存来进行，一切危及企业生存的做法都应避免。"生存第一"原则要求创业者把满足消费者的需求放在第一位，要求把盈利作为企业管理绩效的唯一考核指标。企业应有明确的生存理念，指导员工时刻心系企业的生存安危，不断奋斗，确保企业基业稳固持续发展。

2. "现金为王"原则

现金流对于企业而言，如同血液对于人一样重要。资金链断裂往往会使刚刚成立的企业遭遇挫折甚至破产。

"现金为王"原则的要求如下：第一，创业者要周期性地评估企业的财务能力，要对当前现金流的状况做到心中有数；第二，创业者一定要节约用钱，要有"有多少钱、办多少事"的观念，每一分钱都应该用在最需要的地方，要千方百计增收节支，加速资金周转，把握好发展节奏；第三，采用"早收账，迟付款"的方法来实现正现金流。

3. "分工协作"原则

初创期的企业，其员工虽然进行了初步的分工，建立了一套组织结构，在现实中，平时大家各司其职，但在遇到紧急情况和重要任务时，往往需要大家齐心协力、团结一致去应对最紧要的事情。也就是说，初创企业的人员职责分工相对大企业而言比较模糊，企业员工之间处于一种"既分工又协作"的状态。

4. "事必躬亲"原则

初创期的企业由于人手少、资源缺乏，一切都处于萌芽阶段，所以创业者必须亲自去做很多事情，如直接向客户推销产品、参与商业谈判、处理财务报表、制订薪酬计划、从事广告宣传等。这个阶段的创业者切忌把自己当成"大老板"而目空一切、眼高手低，要有事必躬亲的精神，这样创业者才能对企业经营过程中的每一个细节做到心中有数，才能使企业平安成长，并越做越大。

 阅读讨论

迅雷公司的起步

2002年，迅雷的创始人程浩和邹胜龙开始共同创业时，选择的项目是电子邮件的分布式存储系统。当时，电子邮箱开始收费，邮箱容量也越来越大。不过电子邮箱的存储市场并没有他们当初设想的那么大，两三个月后公司陷入困境，两人商量转型。程浩发现，在门户、邮箱、搜索、即时通信、下载中，其他的都有主流提供商，唯独下载没有，但对于大容量文件，如电影、网络游戏，人们却有较大的下载需求。于是，程浩和邹胜龙决定研发迅雷软件。迅雷软件采用基于网络原理的多资源超线程技术，下载速度奇快，但漏洞百出。为了使产品能以最快的速度发布，程浩在研发过程中放弃了对产品各种细节的考究，只关注目标用户最关心的问题。

为了让用户使用该软件，迅雷公司聘请专业营销人员每月花费两三万元进行市场推广，但使用者还是寥寥无几。2004年年中，程浩通过朋友找到了金山软件公司的总裁雷军。此时，迅雷公司没有名气，雷军只给了他一次测试的机会。测试显示，迅雷软件的下载速度是其他下载工具的20倍。于是，金山软件公司同意推荐其游戏用户使用迅雷软件免费下载其热门游戏。在获得了金山软件公司的认同后，迅雷公司迅速和其他网络游戏厂商达成协议，新增用户量由每天不到300户增加到10 000多户。半年多时间，迅雷公司拥有了300万名用户，95%由网游合作伙伴带来。有了可观的用户群后，迅雷公司很快通过广告、软件捆绑、按效果付费的竞价排名广告等渠道获得了收支平衡。随即，迅雷公司也不断推出升级版本修正软件漏洞。

思考与讨论：

1. 创业之初，企业最根本的目的是什么？迅雷公司是如何操作的？

2. 迅雷公司在无法打开市场的情况下，是如何短时间内迅速拥有300万名用户的？这对你有什么启发？

（二）企业的生命周期

世界上任何事物都有生命周期，企业也不例外。企业的生命周期如同一双无形的巨手，始终左右着企业发展的轨迹。

企业的生命周期是指企业诞生、成长、壮大、衰退甚至死亡的过程。图8-1所示为企业的生命周期曲线。虽然不同企业的寿命有长有短，但不同企业在生命周期的不同阶段所表现出来的特征具有某些共性。了解这些共性，便于创业者了解自己企业所处的生命周期阶段，从而调整企业的发展状态，尽可能地延长企业的寿命。

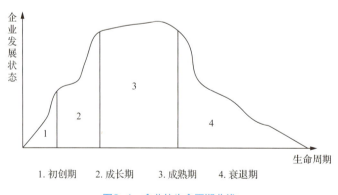

1. 初创期　2. 成长期　3. 成熟期　4. 衰退期

图8-1　企业的生命周期曲线

1. 初创期

一般来说，初创期的企业生存能力弱，抵抗力很低，很容易受到产业中原有企业的威胁。此时，初创企业处于学习阶段，市场份额低，资金不充裕，管理水平低，管理费用高，固定成本大，企业波动较大，创业失败率也很高。生产经营活动中出现的任何差错都可能导致企业的夭折。新产品开发以及未来的企业现金流量都具有较高的不确定性，因此企业的经营风险非常高。初创企业成功与否在很大程度上取决于创建初期的可行性分析，与市场预测和投资决策的关系也很大。初创期重点需要解决企业的生存问题。

2. 成长期

在初创期生存下来的企业将很快进入成长期，处于这一时期的企业称为成长企业。一般成长期可分为迅速成长期和稳步成长期两个时期。在这一阶段，企业的年龄和规模都在增长，企业全面成长，经济实力增强，市场份额逐步提高，竞争力增强，已能在产业中站稳脚跟，企业的创新能力也很强，企业已经形成了自己的配套产品。此阶段的主要特点是企业在产业中已经成为"骨干企业"，但尚未发展为大企业。但在这样的情况下，企业的经营风险仍然比较大，企业很容易跌入多元化陷阱。这主要是由于企业的市场营销费用加大，企业需要募集大量资金进行项目投资，企业的创业者往往会想当然地认为其过去成功的经验可以在多个领域中适用，于是会"大胆"地进入多个行业或领域，甚至是自己极其不熟悉的非相关行业。诚然，多元化在初始阶段可能使企业的销量大幅度增长，但盈利未必会随着销量的增长而越来越多，企业反而可能是赔钱越来越多。这时，企业的现金流量仍然是不确定的，且市场环境是多变的。因此，创业者需要不断完善企业的管理制度，更新企业的未来发展规划，提高企业对市场的应变能力，以保证企业的快速成长。

3. 成熟期

考察企业的演变史，能够发现进入成长期的企业本来就为数不多，而能够成长为成熟企业并得以留存的更是凤毛麟角，许多企业在成长过程中已经被淘汰。在成熟期，企业的发展速度有所放慢，产品标准化有所提高，经营领域有所拓宽，管理走向正规化，企业产品的知名度和市场占有率都有很大的提高，并且企业通过各种媒体渠道在公众中树立了形象。但许多企业的发展对某一产品的依赖性很强，成熟期后，再过一段时间必然会出现衰败，这就有可能使企业发展后劲受到影响，导致创新精神减退。这是因为，企业经过初创期、成长期的艰苦奋斗、勇往直前后，往往会在环境相对舒适的成熟期趋向保守，缺乏对新事物的敏感性和强烈的改革要求。成熟期创新精神减退的问题还与企业规章制度的健全有关。创新强调变化，而制度要求遵守，再加上成熟期企业的规章制度已经较为健全，各级人员只需按规定办事即可。但市场是变化的，企业创造力"沉睡"时间过长，就会影响满足消费者需要的能力，企业的市场竞争力也就随之下降。成熟期企业的最大风险是成熟期过于短暂。成熟期是企业生命周期中的理想阶段，企业进入成熟期很困难，要想停留在成熟期就更困难。如果能够一直停留在成熟期，对企业来说就是再好不过了。问题是在现实中，只要企业一不留神，就马上陷入衰退阶段。

4. 衰退期

成熟期的企业如果没有实现后期成熟化或蜕变演变，则会进入衰退期。衰退期是指企业的发展在走下坡路，企业面临衰亡。衰退存在两种情况：一种是受到产业寿命周期的影响，如果该产业已到了衰退期，自然影响到企业，使企业跟着衰退；另一种是企业患了衰退症。处于衰退期的企业大多是大企业，很容易患"大企业病"。"大企业病"主要表现为官职增多、官僚主义横行、妨碍联系的本位主义、企业家精神的泯灭、部门之间责任的推诿、士气低落、满足现状、应变能力下降等。

衰退期企业的生命还是有延长的可能的。只要企业进行蜕变，成功地转换产品，灵活地转换企业形态，准确地选择新的产业或领域，企业就可能重获新生。在衰退期考虑蜕变，时间上已经晚了点。其实，企业在成熟后期发现开始下滑或上升缓慢时，就应该考虑蜕变的事情了。

二、新企业市场营销管理

市场营销管理是经营管理中的重要环节，它是企业把所有的人力、物力、信息、财力等科学地组织起来以满足消费者的需求，并不断调整以适应环境的过程。具体而言，市场营销管理过程包括以下4步。

第一步：明确市场定位，选择目标市场。企业可以根据不同消费者的消费特征将市场细分，然后根据自己的资源优势选择最佳目标市场，进行市场定位。

第二步：规划营销策略。以消费者需求为出发点，根据市场购买力和期望值，有计划地组织各项经营活动。

第三步：制订营销计划。在选定的目标市场上，为实现企业的营销目标，制订营销计划。

第四步：执行营销计划。将营销计划付诸行动，通过时间、资金、人员等资源的调配实现营销目标。

（一）市场定位

市场定位是通过突出企业及产品在市场上的新颖性、显著性和差异性，使其在消费者心目中建立起与竞争对手有所不同的形象。进行市场定位首先要了解市场上竞争者的定位，其提供的产品或服务有什么特点；其次要了解消费者对该类产品各种属性的重视程度；最后，还得考虑产品的特点，有些产品属性虽然受消费者重视，但如果企业力所不及，也不能成为市场定位的目标。

1. 市场定位的步骤

企业的市场定位可以通过3个步骤来完成，即市场细分、选择目标市场、市场定位。

（1）市场细分。市场细分是指按照消费者的收入水平、职业、年龄、文化、购买习惯、偏好等细节变量，把整个市场划分成若干个需求不同的子市场的过程，其中任意子市场都是一个拥有相似需求的购买者的群体。

细分出的子市场应该满足以下条件。

① 可衡量，即表明该细分市场特征的有关数据资料必须能够加以衡量。例如电脑市场，质量相同的情况下，有多少人更关注价格，有多少人更重视外观，有多少人兼顾多种特性。

② 可实现，即在目前的人力、财力、物力和技术等资源条件下，企业能通过适当的营销组合策略占领目标市场。

③ 可盈利，即所选择的细分市场有足够的需求量且有一定的发展潜力，可以使企业赢得长期稳定的利润。

④ 可区分，即不同细分市场的特征可以清楚地加以区分。例如女性服装消费市场可以按年龄和流行偏好来加以区分。

（2）选择目标市场。目标市场的选择是指明确企业应为哪类用户服务以及满足他们的何种需求，是企业在营销活动中的重要策略。企业通过市场细分，从众多的细分市场中选择一个或几个具有吸引力、有利于发挥企业优势的细分市场作为自己的目标市场，综合考虑产品特性、竞争状况和自身实力，针对不同的目标市场选择营销策略。

（3）市场定位。企业通过针对潜在消费者的心理进行营销策略设计，帮助产品、品牌或企业在目标消费者心目中留下深刻的印象，从而取得竞争优势。

2. 市场定位的依据

企业可从以下4个方面找准产品的市场定位。

（1）市场分析。依据企业有能力进入的、未被充分满足的细分市场进行定位。

（2）消费者分析。依据企业能够给予消费者的差异化利益进行定位。

（3）产品分析。依据企业提供产品或服务的特点、特殊用途或使用场景进行定位。

（4）竞争分析。依据区别于竞争对手的优势进行定位。

3. 市场定位的方法

市场定位的方法主要有以下6种，如图8-2所示。

（1）差异定位法。初创企业可以从产品和服务的差异点入手来给产品或服务定位。差异越明显，越容易吸引消费者的注意。根据差异点的不同，市场定位可以从产品、服务、人员和形象方面进行差异化。

（2）主要属性／利益定位法。消费者购买并使用产品是为了获取价值。价值既包括产品本身的价值，又包括产品的形象价值和外延价值等。因此不同企

图8-2　市场定位的方法

业、不同产品都可以使用主要属性／利益定位法。一般来说，低端产品应该从其本身的价值和成本出发，高端产品则适宜从产品之外的附加价值和品位出发，才更容易找到适合其目标市场需要的定位。

（3）产品使用者定位法。找出产品确切的使用者／购买者，针对他们的特点专门塑造一种形象。例如，广告语"金利来，男人的世界"，成功地将金利来定位为专为男人打造服饰的品牌。

（4）使用定位法。使用定位法是指根据产品的使用地点、使用方式、使用时间进行定位。例如，柯达把自己定位于"记录激动一刻"而占领了特定场合市场，把人们的激动和欢乐都转变为可以记录、可以触摸的照片。

（5）分类定位法。产品的生产并不是要和某一特定竞争者竞争，而是要和同类产品竞争。对于初创企业，不论是开发新市场，还是对既有产品进行深度市场开发，分类定位法最为有效。例如，一句"七喜，非可乐"就把七喜与所有可乐区别开来，虽然与所有可乐竞争，但由于开发出了一种新的定位理念而使七喜成为可乐之外影响力较强的一款软饮料。

（6）针对特定竞争者定位法。这是一种直接针对某个竞争者的市场定位方法。小微企业比较常用的方法是避强定位法，这是一种避开强有力的竞争对手的市场定位方法。其优点是能够迅速地在市场上站稳脚跟，并能在消费者心中迅速树立一种形象。这种定位方法市场风险小，成功率较高。当然也有一些比较有实力的初创企业，在企业成立初期，就瞄准在市场上占据支配地位的也是最强的竞争对手进行定位。其目的是激励自己奋发上进，一旦成功就会取得巨大的市场优势。

（二）营销策略

市场营销组合又称为"4P"营销理论。它出现在20世纪60年代，由美国的麦卡锡教授归纳提出。他认为市场营销可以归结为4个方面因素：产品（Product）、价格（Price）、渠道（Place）和促销（Promotion）。市场营销组合由企业根据市场需要灵活安排。

4P（产品、价格、渠道、促销）是市场营销过程中可以控制的因素，也是企业进行市场营销活动的主要手段，对它们的具体运用，形成了企业基础的市场营销战略。美国营销专家劳特朋教授以消费者需求为导向，在1990年提出4C理论，重新设定了市场营销组合。它强调企业首先应该把追求消费者满意的4个基本要素：消费者（Consumer）、成本（Cost）、便利（Convenience）和沟通（Communication）放在第一位，产品必须满足消费者需求，同时降低消费者的购买成本，产品和服务在研发时就要充分考虑消费者的购买力，然后要充分注意到消费者购买过程中的便利性，最后还应以消费者为中心实施有效的营销沟通。

创业者在制定市场营销组合策略时，要综合应用4P和4C理论，充分调动企业的所有资源满足消费者需求。

1. 产品策略

产品策略是企业在确定产品营销战略后所实施的一系列有关产品的具体营销策略。企业在制定产品策略时，首先要明确企业为消费者提供什么样的产品或服务来满足他们的需求。这是企业4P营销组合策略的基础和重要组成部分，是企业为了在激烈的市场竞争中获得优势，在生产、销售产品时所运用的一系列措施和手段。

（1）产品整体概念。产品是指能提供给市场，用于满足人们某种欲望或需求的事物，包括产品的效用、质量、外观、式样、规格、服务、保证、安装、维修、送货、培训、品牌和包装等。产品整体概念包含核心产品、形式产品、期望产品、延伸产品和潜在产品五个层次。

（2）产品生命周期策略。产品从投入市场到最终退出市场的全过程称为产品的生命周期，该过程包括产品的导入期、成长期、成熟期和衰退期4个阶段。在产品生命周期的不同阶段，产品的市场占有率、销售额、利润额是不一样的。导入期产品销量增长较慢，利润额可能为负数；当销量迅速增长，利润由负转正并迅速上升时，产品进入了成长期；经过快速增长，销量逐渐趋于稳定，利润增长停滞，说明产品成熟期来临；在成熟期的后一阶段，产品销量缓慢下降，利润也随之下滑。当销量加速递减，利润也较快下降时，产品便步入了衰退期。

研究产品生命周期对企业营销活动具有十分重要的启发意义。企业针对处在不同生命周期阶段的产品应该制定不同的营销策略。

（3）品牌策略。品牌对企业有很多好处，但建立品牌的成本和品牌责任不容忽视。如果决定使用品牌，企业就会面临使用自己品牌还是他人品牌（特许品牌或中间商品牌）的决策。实力雄厚、生产技术和经营管理水平较高的企业一般都使用自己的品牌。使用他人品牌的优点和缺点都很突出，企业需要结合自身的发展战略来决策。

2. 价格策略

制定最优的价格对初创企业来说是个巨大的挑战。要想制定科学合理的定价策略，就必须对企业成本进行核算、分析、控制和预测，同时还要根据市场结构、市场供求、消费者心理及竞争状况等因素做出判断与选择。

（1）定价因素。初创企业的产品定价要考虑如下因素。

① 产品成本：定价不能低于成本，且应有一定的利润。

② 市场需求：供不应求时，定价可以较高；供过于求时，则应降低定价。

③ 物价政策：定价时应考虑国家的物价政策。

④ 定价目标：企业通过价格来达到哪种目的，是获得最大利润还是快速占有市场，是树立高端的形象还是战胜竞争对手。

⑤ 市场竞争：行业或竞争对手的价格。

（2）定价方法。常见的定价方法如下。

① 成本加价法。成本加价法是指以企业的完全成本为计算基础，加上一定的利润和税金来制定价格，可以用以下公式来表示：产品售价=完全成本×（1+成本加成率）。

② 竞争导向定价法。企业根据行业的平均价格制定本企业的产品价格，即企业以同行业主导企业的价格为标准制定本企业的产品价格。在竞争激烈的情况下，这种与同行和平共处、比较稳妥的定价方法可避免风险。

③ 需求导向定价法。企业按照购买者或消费者对产品及其价值的认识程度和感觉来进行定价。同时，也可以依据消费者能够接受的最终价格，在计算自己的经营成本和利润后，逆向推算出产品的批发或零售价。批发和零售商多采取这种定价方法。

（3）定价策略。

① 折扣定价策略。折扣定价策略是指企业为调动各方面积极性或鼓励消费者做出有利于企

业的购买行为的常用策略，常见的有以下3种。

第一，数量折扣。数量折扣是根据购买数量的多少给予不同的折扣。

第二，季节折扣。季节折扣一般在有明显的淡、旺季的行业中实行。

第三，现金折扣。其目的在于鼓励购买者尽早付款，加快企业资金的周转速度。

② 新产品定价策略。新产品定价策略有两种。一是高额定价策略，是指企业在新产品刚上市时，把价格定得尽可能高些，以期获得较高的收益，在产品生命周期的导入期便收回研制开发新产品的成本及费用，并逐步获得较高的利润。之后随着产品的进一步成长再逐步降低价格。二是低额定价策略，是指在向市场推出新产品时，尽量把价格定得低一些，采取薄利多销的方法。企业用此策略的目的是产品上市后以较低价格在市场上慢取利、广渗透。

3. 渠道策略

把产品移动到消费者的任何环节都称为渠道。典型的渠道包括批发商、代理商、零售商等。影响渠道策略选择的因素如下。

（1）产品因素，包括单位产品的价值量的大小、产品重量和体积的大小、产品的式样和款式、产品的易腐性、通用产品和定制产品、产品的技术服务程度。

（2）市场因素，包括市场的大小、用户购买习惯、市场销售的季节性和时间性、竞争者的销售渠道等。

（3）企业本身的因素，包括企业的规模大小和声誉，管理者的能力和经验，销售渠道的控制程度等。

常见的销售渠道选择包括直接渠道和间接渠道。直接渠道是企业采用产销合一的经营方式进行销售，即产品从生产领域转移到消费领域时不经过任何中间环节；间接渠道是指产品从生产领域转移到用户手中要经过若干中间商的销售渠道。

直接渠道有销售及时、中间费用少、便于控制价格和及时了解市场、有利于提供服务等优点，但是此方法使生产者花费较多的财力、物力和人力，所以消费面广、市场规模大的产品不宜采用这种方法。间接渠道由于有中间商加入，企业可以利用中间商的知识、经验和关系，简化交易，缩短买卖时间，集中人力、财力和物力用于发展生产，以增强产品的销售能力。

4. 促销策略

促销是指企业利用各种信息载体与目标市场进行沟通的传播活动，包括广告、人员推销和营业推广等。

（1）广告。广告是企业以促进销售为目的，支出一定的费用，通过特定的媒体传播产品或服务等有关经济信息的大众传播活动。

广告的功能有很多，一是宣传功能，目的是诱发消费者的初级需求；二是劝说功能，目的是使消费者建立对某一特定品牌的选择性需求；三是提醒功能，目的是保持消费者对于某产品的记忆。

广告媒体主要有报纸、电视、网络、广播、杂志、户外广告及移动媒体如短信、微信等。不同广告媒体的对比如表8-4所示。选择广告媒体时，企业必须考虑几个变量，如目标受众的媒体习惯、产品的性能和特点、媒介特点、费用、竞争对手的广告策略。

表8-4　不同广告媒体的对比

媒体	优点	局限
报纸	灵活及时，市场覆盖面广、接收面宽，可信度高	制作质量差，时效短
电视	市场覆盖率高，平均费用低，能结合视听	绝对费用高，内容繁杂，宣传短暂，观众可选择性差
网络	速度快，制作成本低，可以跨越时空限制，动态及时，反馈的可监测性高，与消费者的互动性强	目前网络广告点击率还不高，宣传范围受限；技术含量要求高
广播	地区和人口选择性强，费用低	只有听觉效果，宣传短暂，注意力差，受众分散
杂志	地区及人口选择性强，可信度好，制作质量好，读者阅读时间长	购买版面费用高
户外广告	灵活性好，复现率高，费用低，不受竞争对手干扰	观众选择性差，创造性差，难修改，时效性差
短信、微信等	高达到率、高接受率、高精准度、高便利性	用户参与感较弱，易受到排斥

（2）人员推销。人员推销是企业推销人员直接向消费者推销产品或服务的一种促销活动。推销人员、推销对象和推销品构成人员推销的3个基本要素，推销人员是推销活动的主体。人员推销的特点主要是直接面对消费者、针对性强、反应及时、便于信息的沟通和交流等。

（3）营业推广。营业推广是指在一定的时间内刺激消费者或中间商迅速或大量购买某一特定产品的促销手段。针对消费者的营业推广形式主要包括以下几种。

① 折扣券。

② 赠品：随包装赠送、试用装、试吃装等。

③ 抽奖："建议"抽奖（答对抽奖）、购物抽奖等。

④ 免费样品：逐户赠送、邮寄赠送、店面分送、随产品附赠、函索赠送等。

⑤ 减价优惠。

⑥ 其他：以旧换新、廉价包装、包退包换等。

（三）网络营销

凡是以互联网为主要手段进行的营销活动都可称为网络营销。网络营销贯穿于企业开展网上经营的整个过程，包括信息发布、信息收集、网上交易等。网络营销是一种新经济消费趋势。

1. 网络营销的特点

（1）传播的超时空性。互联网可以使人们超越时间和空间的限制进行信息交换，这使得企业与消费者之间的交流不再受到时空的限制，拥有了更多的时间和更大的空间进行交易。

（2）交互的便捷性。互联网不仅可以展示产品信息，更重要的是，它可以实现企业和消费者之间的双向沟通。企业可以从网络中收集消费者反馈的意见和建议，从而切实、有针对性地改进自己的产品和服务。

（3）网络广告的低成本性。网络广告制作周期短，可以根据消费者的需求快速投放；而传统广告制作成本高，投放周期固定。

（4）媒介的多维性。互联网上的信息不仅可以通过文字传播，还可以通过声音、图像、流媒体等载体传播，因此营销人员可以充分发挥自身的创造性和能动性，以多种形式展示产品信息，打动消费者。

（5）效果的可监测性。利用传统媒体做营销，很难准确地知道有多少人接收到了该营销信息，而在互联网上则可以通过流量统计系统精确地统计出每个广告有多少个用户访问过，以及这些用户查阅的时间分布和地域分布，从而帮助企业正确评估营销效果，审订营销投放策略。

（6）投放的针对性。通过提供众多的免费服务，网站一般都能建立起自己的用户数据库，包括用户的地域分布、年龄、性别、收入、职业、婚姻状况、爱好等。这些资料可以帮助企业分析市场与受众，有针对性地投放广告，并根据用户特点进行定点投放和跟踪分析，对广告效果做出客观、准确的评价。

2. 初创企业开展网络营销的方法

初创企业除了在线下做好产品和服务的销售，还可以根据企业产品和服务的特点，利用网络营销来拓展市场。网络营销的优势在于能够给企业提供直接面向消费者的平台，不仅降低了企业的销售成本，使企业获得最大利益，还缩短了产品流通的时间。初创企业常用的网络营销方法有以下6种。

（1）群营销。现在网络充满了各式各样的"群"，如 QQ群、微博群、微信群。当然，目前国内最热的是微信群，微信不仅用户数量多，而且功能强大、资源十分丰富，初创企业可以利用这些群进行网络营销。

（2）博客与微博营销。比较知名的博客有新浪博客、网易博客、搜狐博客等，比较知名的微博有新浪微博等。博客与微博除了可以将信息传递给访问者和粉丝，还可以增加搜索引擎对企业信息的收录数量。

（3）软文营销。软文营销是一种十分省钱的营销方式，通过在原创文章中巧妙地透露企业和产品信息，目标群体并不觉得这是在做广告，在潜移默化中也受到了影响。当然，软文营销还需要借助论坛营销、群营销、博客营销等策略才能更好地发挥作用。

（4）搜索引擎营销。搜索引擎营销是一种见效快、费用高的网络营销方法。企业通过在百度、搜狗等搜索引擎投放"关键词广告""付费推广""品牌推广"等，占据搜索引擎的有利位置，吸引消费者的注意。

（5）网络广告营销。企业可以在行业网站、门户网站、地方网站和广告联盟等投放企业广告。广告的形式根据企业具体情况可以包括文字、图片、动画和视频等。

（6）电子商务营销。这里所说的电子商务营销指的是企业建立独立的直销电子商务平台，如海尔商城、国美电器商城，或者依托第三方电子商务平台建立网上商店，如在淘宝网、京东、抖音、快手等平台开网店。

以上列举的网络营销策略并非全部。实际上，随着互联网的发展以及营销方式的多样化，企业网络营销必将衍生出更多的工具和方法。而且各种网络营销方法均可自成体系，一般企业并没有必要面面俱到，研究透其中几种即可。各种网络营销方法也并不是独立存在的，它们之间相互帮衬、互相配合，共同作用于企业网络营销工作。

三、新企业财务管理

（一）财务管理理念

财务管理是企业管理的重要组成部分，是以健全企业财务体系为基础，根据国家财经法规制度，按照财务管理的原则，遵循资金运用规律，对企业资金的形成、使用及分配进行预测、决策、计划、控制、核算和分析，提高资金使用效率的一项经济管理工作。创业者应树立的财务管理理念如图8-3所示。

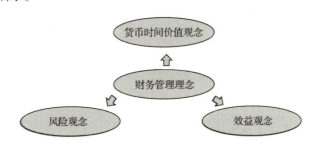

图8-3　创业者应树立的财务管理理念

（1）货币时间价值观念：货币是有时间价值的，一定量的货币在不同时间点上具有不同的经济价值。创业者必须重视由于时间差异而形成的货币价值差异，一个看似略有盈利的项目，如果考虑货币的时间价值，事实上很可能是一个亏本的项目，尤其是在通货膨胀或货币贬值的时期。

（2）效益观念：创业者要树立效益观念。筹资时要计算资金成本；投资时，第一要考虑资金安全，第二要测算投资收益率。既要"开源"，又要"节流"。

（3）风险观念：风险不仅指损失的不确定性，还包括盈利的不确定性。企业财务风险贯穿于生产经营的整个过程中，其可以划分为筹资风险、投资风险、资金回收风险和收益分配风险4个方面。

（二）成本核算

1. 成本核算的作用

成本核算是成本管理工作的重要组成部分，是将企业在生产经营过程中发生的各种耗费按照一定的对象进行分配和归集，来计算总成本和单位成本的活动。成本核算正确与否直接影响企业成本的预测、计划、分析、考核和改进等控制工作，同时会对企业的成本决策和经营决策产生重大影响。

成本核算过程是对企业生产经营过程中各种耗费如实反映的过程，也是为更好地实施成本管理进行成本信息反馈的过程，因此，成本核算对企业成本计划的实施、成本水平的控制和目标成本的实现起着至关重要的作用。

2. 成本核算的方法

成本核算是企业管理和财务核算中最重要，也是最复杂的问题之一。成本核算对于会计人员来说是一件非常重要的事。其实掌握了一些方法，成本核算这个难题就会迎刃而解。下面介绍几种常用的成本核算方法。

（1）品种法。品种法是指以产品品种为成本核算对象计算成本的一种方法。它适用于大批量的单步骤生产。此外，管理上不要求分步骤计算成本的多步骤生产，也可采用品种法。

（2）分批法。分批法是按照产品批别计算产品成本的一种方法。它主要适用于单件小批量的生产，如精密仪器、专用设备，也可用于一般制造企业中的新产品试制或试生产、在建工程以及设备修理作业等。分批法的主要特点是不按产品的生产步骤而只按产品的批别（分批、不分步）计算成本，通常不涉及完工产品和在售产品的成本分配问题。

（3）分步法。分步法是按照产品的生产步骤计算产品成本的一种方法。它主要适用于大批量的多步骤生产，如冶金、造纸以及大批量生产的机械制造。分步法的主要特点是不按产品的批次计算产品成本，而是按产品的生产步骤计算产品成本。

（三）记账

专职会计记账是指企业内部雇佣的会计人员，负责企业的财务和会计工作，包括账务记录、财务报表编制、税务申报等。他们对企业的财务状况负有直接的法律和经济责任。而代理记账则是由外部的会计服务公司或个人为企业提供会计服务，代表企业处理财务和会计事务。经过对比，相较于专职会计记账，代理记账在专业性、节约费用等方面更具有优势。代理记账与专职会计记账的对比如表8-5所示。

表8-5 代理记账与专职会计记账的对比

类型	优势	弊端
代理记账	1. 节省人员直接成本，一个代理记账会计的费用是300元/月左右，而全职会计月薪至少3 000元； 2. 可实现专业化、规模化服务，经验丰富； 3. 不受人员变动的影响，申报及时	代理记账公司良莠不齐，遇到不合格的，账务混乱或不及时报税等，对企业损害很大
专职会计记账	1. 专人做专事，沟通起来更方便； 2. 除了记账，会计还可以管理发工资、社保等企业业务	专职会计成本较高，对初创企业来讲是一笔不小的开支，且存在离职变动导致工作中断等情况

一般来说，代理记账公司能为创业者提供基础服务及部分特定服务，如表8-6所示。

表8-6 代理记账公司提供的服务

类型	内容
基础服务	1. 代购发票、记账凭证及账簿； 2. 建账、记账、结账； 3. 核定税种、报税
特定服务	1. 为企业提供报表分析，提出管理建议； 2. 出具审计报告； 3. 纳税筹划； 4. 投资项目税收评估； 5. 申报研发费； 6. 出口退税

为了节省开支，将最好的资源投入创业项目上，记账是每一个初创企业都避不开的问题。对于大多数企业来说，前期规模小，账务简单，专门雇佣一名专职会计进行记账申报势必增加企业成本，加重企业负担，所以很多企业会选择代理记账。如何找到靠谱的代理记账公司呢？一般来说，正规的代理记账公司有以下几个特点。

（1）有营业执照。

（2）有代理记账许可证。

（3）有固定的办公场地和设备。

（4）人员结构合理且齐全，例如经理、外勤、记账会计、审核会计。

（5）做账总负责人的资质高，一般是拥有多年行业经验的会计师或注册会计师，熟悉各个行业。

（6）硬件设备齐全，应当有专门用于做账的计算机并安装了相应的财务软件，如配备打印机、读卡器等设备。

在寻找代理记账公司的时候，以下问题需要每个初创企业认真斟酌。

（1）是否要与代理记账公司签订正式的委托代理合同？

不签订委托代理合同，就难以明确代理过程中的各种权利和义务，增加沟通成本。企业在选择代理记账公司时，合同签订一定要严谨一点。

（2）是否要检查代理记账公司的相应证明？

现在的代理记账公司都必须有代理记账许可证，有相应资质的从业人员，还要去做相应的备案。在选择代理记账公司时可以询问是否有这些必要的证明，以免出现问题。

（3）代理记账公司是否有自己固定的办公场所？

有自己的办公场所意味着这个代理记账公司业务稳定。代理记账行业市场容量非常大，难免会有一些刚入行、经验不足的公司，虽然相应的费用低，但这不是初创企业应该去寻找的服务。

（4）是否查看代理记账公司员工人数配置？

考察代理记账公司是否足够专业，例如是否有外勤会计、记账会计、税务会计、审核会计。

四、新企业人力资源管理

企业在初创期最需要人才，生产、销售、财务、运营都需要有水平、能胜任的人才，而人才匮乏是新企业经常面临的困境之一。因为无论缺少哪个方面的专业人才，都有可能使新企业这叶小舟驶向险滩。新企业人力资源管理要重视以下几项工作。

（1）员工队伍或团队的组建。由于人员较少，企业通常是按照团队的原则组织起来的，团队内部的协调和沟通比大型企业更加便利和灵活。共同愿景的建立、团队内部知识和信息的交流和学习、凝聚力的培育可以塑造新企业独特的优势。

（2）将人力资源管理制度化。新企业在人力资源管理工作中对制度的制定和执行随意性很大，要通过制度化将人力资源的吸引、开发和使用过程形成惯例和条例并加以固定，包括员工的聘用制度、培训制度、奖惩制度、沟通制度等。

（3）建立以人为本的企业文化。建立员工共同参与的组织氛围，鼓励创新，容忍小的失误。让员工具有主人翁精神是新企业吸引和挽留人才的重要手段。

（4）多种奖惩方式相结合。新企业应该在奖惩制度化的基础上，将不同奖惩方式结合使用。除了一般的薪酬激励，还要注重精神激励和企业文化的作用，加强双向沟通。管理者和员工的固定化谈心制度、员工建议制度、非正式的沟通、灵活的工作空间和权利的授予都是卓有成效的激励方式。员工持股、智力入股等多样化的股权方式也有利于增强企业对人才的吸引力。

（5）开拓多元化的培训方式和渠道。企业往往有个误区，认为培训就是送出去深造，或者传授书本知识。新企业可以开拓多种培训渠道，其中工作实践是最直接和最有效的方式，也可以通过合作的方式进行人力资源利用和开发。尽管新企业在人力资源投入上不可能与成熟企业相比，但培训的形式和方法可以是多样的。

具体而言，新企业人力资源管理的核心工作主要有招聘与配置、考核与激励及员工职业生涯管理。

（一）招聘与配置

企业的持续健康发展离不开对人力资源的有效管理。拥有一支素质优良、结构合理、能够满足企业岗位工作要求的人力资源队伍，是企业生存与发展的关键。因此，招聘与配置是企业人力资源管理中最关键的环节，对企业人力资源的引进、使用、开发和管理都起着至关重要的作用，这项工作的好坏直接影响企业的发展。

1. 招聘与配置的含义

招聘与配置是指企业根据发展和岗位要求，通过一定的程序，把具有相应知识、技能和其他特性的人员招募进来并将其安排到合适的岗位上的过程。招聘与配置的过程从客观上来说，是一种企业与个人之间双向选择和匹配的动态博弈过程，是企业管理中最重要的基础之一。要做好企业员工的招聘与配置工作，就需要从企业的实际发展情况出发，做出有针对性的招聘与配置方案，招聘来的员工要具有和企业发展相关的工作技能，认同企业文化的思想，有长期为企业服务的意愿。

从企业内部来说，招聘与配置关系到企业的生存和发展。企业只有招聘到合适的人员，把合适的人员安排在合适的岗位上，并在工作中重视员工的培训和发展，才能确保员工队伍的素质适应企业的需要，才能使企业具备有效应对外部激烈竞争的能力。

从企业外部来说，一次成功的招聘活动就是一次成功的公关活动，是对企业形象的绝好宣传。从招聘信息的发布，招聘过程中的测试，直至最后的录用，都为企业扩大知名度创造了机会。

2. 招聘与配置的原则

任何企业无论招聘多少人，无论招聘工作由谁完成，都必须遵守一定的原则，才能确保整个招聘与配置工作的有效性。

（1）前瞻性原则。招聘与配置的任务不是简单地招录以填补岗位空缺的人员，而是获取企业赖以生存和发展的战略资源。在招聘过程中，企业不仅要关心所招聘人员能否胜任当前的工作，还要关注企业的长远战略规划，关注所招聘人员能否支持企业战略发展目标的实现。企业必须站在企业战略的高度制订人力资源规划，并依此制订出切实可行的招聘计划以指导招聘工作，减少招聘的盲目性，提高招聘工作的效率。

（2）能级匹配原则。招聘与配置应该本着因职选人、因能量级的原则，既不可过度追求低成本，造成小材大用；也不可盲目攀比，造成大材小用。小材大用会贻误工作，而大材小用则会导致学历虚高或是人才高消费。现实企业中，这种现象也很普遍。有关资料显示，大多数企业、单位招用的高学历人才并没有被安置在合适的岗位上并发挥其最大作用，有的长期闲置，有的高能低就。这种不顾实际需要，盲目引进"千里马"的做法只会导致企业人力成本的上升和组织之间的恶性竞争，危害极大。

能级匹配原则要求在招聘中"不求最好，但求合适"，即在合适的基础上要给岗位胜任度留有一定的空间，挑选既能较大程度满足岗位能力需求，又具备一定的提升空间和培养潜力的人才，使其"永远有差距，永远有追求"。坚持能级匹配原则可以有效提高人员稳定性，减少新员工流失率。

 拓展阅读

学历虚高

学历虚高，一是指高学历的人大材小用，造成能力浪费；二是指高学历的人由于种种原因不能适应岗位的要求（如缺少实践经验、学非所用、工作条件欠缺），发挥不出应有的作用；三是指一些高学历的人书本知识虽然很系统，但缺少应有的运用知识的能力。学历虚高现象产生的原因涉及很多方面，例如专业教育与实际需求脱节、人岗不匹配、个人能力差等。当然，企业在发展过程中进行人才储备时，也会发生这种现象。因此，企业在扩张时，虽然需要未雨绸缪，进行人才储备，形成合理的人才梯队，但也要防止人才储备带有盲目性或随意性，造成人才浪费和人才队伍不稳定。

（3）竞争原则。首先，招聘与配置方案的设计要经过简历分析、结构化面试、心理和行为测试、业绩考核等一系列过程，来评判应聘者的优劣高下，以便在竞争中择优录取。其次，企业必须设法动员和吸引更多的人来应聘，竞争越激烈，就越容易选拔到优秀人才。在难以避免的"人才争夺战"中，企业要想争取到更多的应聘者参与竞争，还必须了解竞争对手的情况，不仅要了解它的人员队伍、企业文化、发展趋势、市场情况等，还要了解同行竞争对手的招聘职位、招聘规模以及招聘战略和策略，有针对性地确定相应的招聘时间、地点、薪酬和策略，有效提高应聘者数量和质量。

（4）差异化原则。企业应该针对不同类型人力资源的不同特点以及对企业的重要程度，分别采取不同的招聘方法和策略。在招聘面试团队组建、招聘渠道选择、甄选技术、人才的吸引和保留等方面，均应根据不同招聘对象的特点有针对性地选择不同的方法和策略。

对企业实施战略有重要作用的核心人才往往也是同行竞争对手争夺的对象。对于在行业中有较大竞争优势和处于领先地位的企业来说，招聘相对会占有优势，而对于在行业中处于劣势地位的企业来说，要想取得好的招聘效果，往往需要采取非常规的方法和手段。不少企业在薪酬、福利待遇、工作环境等方面为企业核心人才设立特区，在招聘方法与渠道上采用多元化的形式（例如猎头招聘，从竞争对手那里挖人才），这些都是差异化的具体表现。刘备三顾茅庐，历经千辛万苦，也给现代企业招募人才树立了榜样。对于特殊和重要人才的引进，绝不能拘泥于常规。

（5）突出核心员工原则。招聘与配置工作必须紧紧围绕提高组织绩效、提高组织核心竞争力、促进组织战略目标的实现这个中心任务，而要实现这一任务，就必须突出核心员工的地位和作用，把核心员工招聘作为招聘工作的首要任务。

企业的核心能力突出地表现在企业所拥有的核心员工身上。在现代社会，核心员工已经取代了技术、资本等要素而成为企业最重要的战略性资源，是构成企业核心竞争力的基本要素，是形成企业核心能力的基础。作为知识和技能"承载者"的核心员工代表了企业所拥有的专门知识、技能和能力的总和，是企业拥有独占性的异质知识和垄断技术优势的基础。因此，招聘工作应该把核心员工这一特殊的战略性资源作为招聘的重点。

（6）全面考查原则。人才难得更难识，对于人才的识别一定要坚持全面考查的原则。也就是说，要全方位、多角度地考查求职者，不仅要看一个人的学历、专业，还要深入了解求职者的工作经历与背景，从其职务的变动、所从事的主要工作、个人成长学习和培训经历、工作成果等多方面、分层次地对求职者进行考查。要根据任职条件和职位发展的要求，尽可能全方位、多角度地进行评价，通过对求职者的上级、下级、平级以及直接或间接的客户的调查，确保所招聘员工的特长和优势与企业的职位、企业需要和长期发展要求相适应。

在甄选过程中，要有效地区别通才与专才。也就是说，在招聘各个岗位人才时，不能只停留在专业技能上，而应更多地关注求职者是否具备良好的综合素质与能力，更多地关注那些通过一定时间的培养能够通晓技术、管理和业务的复合型人才，要综合判断求职者的潜力。

3. 招聘与配置的流程

企业招聘与配置工作流程一般包括准备、人员招募、人员甄选、人员录用与配置4个阶段。每个阶段的主要工作和任务各不相同，目的只有一个，就是为企业招募到合适的员工。招聘与配置的一般流程如图8-4所示。

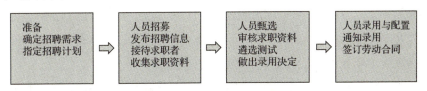

图8-4　招聘与配置的一般流程

（1）准备。企业人力资源规划、工作分析以及招聘环境分析都是招聘准备工作的内容，在完成以上工作的基础上，企业开展招聘与配置工作还应该进行以下准备工作。

首先，企业要根据发展的实际需要，确定招聘的需求。其次，招聘前需要制订完备的招聘计划。招聘计划是关于招聘职位的人数、岗位要求、招聘时间、甄选方法等信息的计划。

（2）人员招募。人员招募是指企业采取适当的方式寻找或吸引胜任的求职者前来应聘的工作过程。人员招募是比较重要的一个环节，这个环节关系到求职者的数量和质量。人员招募工作如果做得不好，就会导致求职者数量不多并且质量不高。求职者数量少，企业就无人可选；求职者质量达不到要求，企业就选不出合适的人，招聘任务就无法完成。

人员招募工作主要有两项任务：一是选择合适的招聘渠道发布招聘信息；二是接受求职者的咨询，收集求职人员信息。

发布招聘信息就是向目标人群传递企业招聘的信息，并分析各种信息发布渠道的效果。信息发布的选择要兼顾覆盖面广和针对性强两个方面。覆盖面广是指接受招聘信息的人数多，这样"人才蓄水池"就大，找到合格人选的概率就大。针对性强是指使符合特定岗位要求的特定人群接收到信息，这样有助于提高招聘的效率和效果。企业应该综合考虑招聘岗位的特点（工作内容、职位要求、应负责任、任职资格等）、招聘时间和地点及招聘成本等因素，统筹考虑，精心安排，采取最有效的方法来发布企业的招聘信息。招聘工作人员要及时整理求职人员信息，为下一步开展人员筛选做准备，如发现求职者数量不足或质量不高则应及时改变信息发布的渠道和方法。

因招聘信息传递的信息量是有限的，所以招聘信息发布以后，企业负责招聘工作的人员在接下来的时间里一般还要经常接受求职者的电话或邮件咨询，向求职者介绍本企业招聘的有关情况，回答求职者提出的问题。

在求职者提交了求职资料后，招聘人员还要及时收集和整理求职资料，以便为初选和面试工作提供依据。

（3）人员甄选。人员甄选就是采用科学的方法，对求职人员的能力、水平和个性特征等进行全面了解，从中选出最符合空缺岗位要求的人选的过程。人员甄选这一过程主要由审核求职资料、笔试、面试、背景调查和录用决策几项工作构成。

首先是对求职者的求职资料进行审核。根据录用标准，排除明显不合适的人选，确定需要进一步面试的人选，并发出面试通知。然后，按照预定的笔试或面试流程或方案对求职者进行一系列的遴选测试，选出最合适的人选。对于一些重要或特殊岗位，还需要进行背景补充调查或体格体能检查等。值得指出的是，上述程序不是固定不变的，有的企业将背景调查放在测试之前，有的根本不做背景调查，这需要根据企业的实际情况决定。最后，无论是否录用，企业都应该及时发出录用通知或辞谢通知，一方面避免企业在激烈的人才竞争中错失良才，另一方面也可以避免耽误求职者寻找其他工作，损害企业形象。

这一环节是整个招聘工作中最复杂、最困难的阶段，其中遴选测试阶段最复杂也最能体现一家企业招聘工作的水平，直接决定了企业招聘工作的效率和效果。目前测试测评的方法除了笔试和面试这些传统方法，还出现了心理测试、笔迹分析、评价中心等测评技术。这些测试测评方法各有侧重，企业应该根据不同的岗位选择合适的测试测评方法。

（4）人员录用与配置。人员录用工作的主要任务就是根据录用决策的结果，通知录用人员报到，安排上岗前的培训，签订劳动合同或聘任合同，并安排一定期限的试用期对录用人员进行实际考察。

上述就是企业招聘与配置工作过程的4个阶段及各个阶段应完成的主要任务。不过，这个程序也不是固定不变的。企业在招聘与配置的具体操作过程中，可以根据实际情况的需要，对其中的一两个环节进行变通，灵活安排，以节省招聘与配置的成本并提高效率。

在实际工作中，有时招聘与配置工作需要连续进行，工作过程就会不停地叠加在一起，有些求职者刚刚发来简历，有些求职者刚刚结束面试，而另外一些求职者则可能已经被录用了。所以，招聘人员要不断地对招聘和人员录用情况进行统计和总结，一方面要及时了解招聘与配置工作的进展及其与工作计划的差距，另一方面要及时发现并解决工作中存在的问题，保证工作任务的顺利完成。

（二）职业生涯管理

1. 职业生涯管理的概念

职业生涯管理是指企业指导员工经过努力，遵循一定的道路或途径，不断制定和实施新的职业目标，逐步实现其职业生涯目标的过程。员工的职业生涯管理是人力资源管理的核心职能之一。对员工进行职业生涯的管理是现代人力资源开发与管理的重要内容。职业生涯管理的目的不仅仅是帮助个人实现目标，更重要的是帮助个人真正了解自己，进一步评估内外环境的优势、限制，从而设计出合理、可行的职业生涯发展方向。职业生涯管理具有以下3个特征：

（1）独特性。职业生涯管理是企业为其员工设计的职业发展、援助计划，有别于员工个人制订的职业计划。

（2）双重性。职业生涯管理必须满足个人和企业的双重需要。

（3）多样性。职业生涯管理形式多样，涉及面广。

2. 职业生涯管理的内容

职业生涯管理是企业对员工的职业生涯所进行的有目的、有计划的管理，是企业帮助员工在职业上得以进步、事业上得以发展的行为过程。企业要重视员工的职业规划和职业发展，采用多种手段为每一位员工提供使其不断成长以及获得成功的机会，从而最大限度地发挥员工的能力，在促进员工职业发展、实现职业目的的过程中为企业保留和开发高素质的人力资源，确保企业的可持续发展。

初创企业职业生涯管理的内容主要有以下几个方面。

（1）对新员工进行上岗引导和岗位配置。上岗引导包括工资如何发放和增加，怎样获得工作证，工作时间为每周多少小时，新员工将与谁一起工作等。这种信息对员工做好本职工作是必需的。新员工融入企业是一个不断发展的过程，它包括向所有员工介绍企业所期望的主要态度、规范、价值观和行为模式等。如果处理得当，对员工最初的上岗引导有助于减少新员工上岗初期的紧张不安，以及可能感受到的现实冲击。

（2）提供一个富有挑战性的工作。分配给员工一项有挑战性的工作，帮助员工学会如何工作，并对其潜能进行考查和测评。根据员工的工作表现、潜能，对其职业生涯发展做到心中有数，这对企业的发展和员工未来的发展都会产生重要影响。例如，在一项以美国电报电话公司的管理人员为对象的研究中，研究者发现，这些人在公司的第一年中所承担的工作越富有挑战性，他们的工作也就显得越有效率、越成功，即使是到了五六年之后，这种情况依然存在。

（3）在招募时提供较为现实的未来工作展望。在招募时就向被招募者提供较为现实的关于未来工作的描述，使他们明白，如果自己到企业中工作，估计能够得到哪些方面的利益。对未来的工作进行较为现实的展示能够显著地提高那些被招聘进来从事相对较为复杂工作的员工（例如见习管理人员、销售人员、人寿保险代理人员）长期留在企业中的比例。

（4）对员工严格要求，并开展职业生涯规划活动。在员工与其上级之间往往存在一种"皮格马利翁效应"，也就是说，上级的期望越高，对自己的员工越信任、越支持，那么员工干得就越好。因此，在员工开始工作的第一年中，应当为他安排一位受过特殊训练、具有较高工作绩效并且能够通过建立较高工作标准而对自己的员工提供必要支持的主管人员。企业还应当采取措施，加强员工对他们自己的职业生涯规划和开发活动的参与。

（5）畅通职业生涯通道，为员工提供更多的职业发展机会。企业人力资源需求状况一般是呈金字塔形，而且随着组织的扁平化，中层和高层人员的数量更加有限，在这种情况下，给发展到一定阶段的员工创造发展机会，是企业留住员工的关键。

（三）企业文化建设

企业文化是企业的灵魂，是企业发展的核心竞争力。企业文化是指企业全体员工在长期的生产经营与管理活动中逐渐形成的，为全体员工所认可的，带有本企业特色的精神财富与物质形态。加强初创企业的文化建设对促进企业的健康发展具有非常重要的意义。

1. 以人为本，培养团队精神

企业文化建设要以人为本，员工是企业的主体力量，企业产品的研发、生产、营销、服务等都需要员工来实施。以人为本就是要发挥出员工的主观能动性，激励员工尽可能做得更好。要调动员工的积极性，就要了解员工的需求，关心员工的物质需求与精神追求，信任员工，尊重员工，鼓励员工参与企业管理。员工参与企业文化建设，对企业文化具有重要的意义，因为员工了解企业存在的问题，也更加渴求企业的人文关怀，这样会使企业文化更深入人心，形成企业凝聚力，推动企业的健康发展。

2. 不断创新

企业文化建设是一个不断发展的过程，创新是企业文化的源泉。企业文化要想保持持久的生命力就必须不断创新，企业文化通过影响企业管理者和员工的价值理念，从而贯穿企业生产的全过程。面对激烈的市场竞争，初创企业不能一味地死守，要敢于创新，增添新的内容，同时根据自身实际努力创新，用创新推动企业。

3. 注重企业文化传播，形成企业特色文化

企业文化建设应注重企业文化传播工作，企业文化不仅要让企业全体员工接受，还需要得到外部的认可。因此企业文化确立后，就要通过各种宣传工具、途径进行传播，让员工了解企业文化，认可企业文化，从而内化自身的行为规则，积极主动地投入企业文化建设中。同时企业文化还要通过经营理念、员工精神等渠道传播出去，从企业内部环境到员工的服装，从口头语言规范到书面材料的整齐划一，处处体现出企业文化的精髓，让每一个接触企业的人都能感受到企业良好的文化。

4. 打造初创企业的企业家队伍

企业家是企业文化的创造者、培育者、倡导者、组织者、指导者、示范者和激励者，也是现代中小企业制度能否发挥作用的一个重要条件。企业家是企业文化建设的领头羊，企业家不仅要做创造物质财富的引领者，而且要做企业文化的开拓者，要善于运用文化手段去塑造企业形象。要进一步深化企业改革，为企业家队伍的成长创造有利的社会条件。

实训任务

任务一

实训主题	创办你的企业

实训内容	1．掌握企业创建的基本流程及要点； 2．掌握管理企业的原则和方法； 3．培养创业精神和创新能力

实训流程	时间 （30分钟）	要求	注意事项
	5分钟	1．学员进行分组； 2．每组各选一名组长，负责协调； 3．宣读实践要求，每个小组根据相关法律规定，模拟成立一家有限责任公司	小组分组可以采取抽签的方式进行
	15分钟	1．模拟准备公司成立条件：公司名称、场所和资本； 2．提交公司设立登记申请书； 3．讨论拟定公司章程； 4．构建符合规定的组织机构与管理制度	1．组与组之间不进行任何形式的交流； 2．讨论时注意倾听和思考他人的看法
	10分钟	1．小组汇报各自的企业创办成果； 2．教师针对各组分享的内容进行总结点评	

实训总结	**教师点评内容**
	学生实训心得

任务二

实训主题	新企业的人员招聘		
实训内容	1．理解企业人力资源管理的重要性； 2．掌握人员的招聘与配置； 3．培养实践能力		

实训流程	时间 （30分钟）	要求	注意事项
	5分钟	1．学员进行分组； 2．每组各选一名组长，负责协调； 3．宣读实践要求，每个小组根据各自企业的性质，负责新企业的人员招聘	小组分组可以采取抽签的方式进行
	15分钟	1．小组根据企业的性质确定相关的招聘工作； 2．现场小组演练招聘相关流程； 3．拟定最终录用人员名单并说明原因	1．组与组之间不进行任何形式的交流； 2．讨论时注意倾听和思考他人的看法
	10分钟	1．小组汇报各自的招聘结果并说明理由； 2．教师针对各组分享的内容进行总结点评	

实训总结	教师点评内容
	学生实训心得